Ein warmes Lächeln
vom kalten Berg

Tenshin Reb Anderson

Ein warmes Lächeln vom kalten Berg

*Vorträge zur
Zen-Meditation*

aus dem amerikanischen Englisch
von Bernd Bender

THESEUS VERLAG

Bitte fordern Sie unseren Gesamtprospekt an.

Die deutsche Ausgabe basiert auf einer Reihe von (überarbeiteten) Vorträgen,
die 1995 erstmalig unter dem Titel *Warm Smiles from Cold Mountains*
vom San Francisco Zen Center veröffentlicht wurden.
Ergänzt wurde sie um den Vortrag
A Ceremony for the Encouragement of Zazen,
der 1997 in der Zeitschrift des Zen Centers
Wind Bell erstmalig publiziert wurde.

Die Deutsche Bibliothek – CIP-Einheitsaufnahme
Anderson, Tenshin Reb:
Ein warmes Lächeln vom kalten Berg : Vorträge zur Zen-Meditation /
Tenshin Reb Anderson. Übers. aus dem amerikan. Engl.: Bernd Bender. - Berlin :
Theseus, 1998
Einheitssacht.: Warm smiles from cold mountains <dt.>
ISBN 3-89620-124-7

© Tenshin Reb Anderson
© der deutschen Ausgabe 1998 Theseus Verlag, Berlin

Übersetzung aus dem amerikanischen Englisch: Bernd Bender
Lektorat: Ursula Richard

Umschlaggestaltung: Morian & Bayer-Eynck, Coesfeld
unter Verwendung eines Fotos © Orion Press / Premium
Foto des Autors © Barbara Wenger
Gestaltung und Satz: Typografik & Design – Ingeburg Zoschke
Druck: Wiener Verlag, Himberg
Printed in Austria

ISBN 3-89620-124-7

Gedruckt auf alterungsbeständigem Papier mit chlorfrei gebleichtem Zellstoff

Gepriesen sei Shakyamuni Buddha,
unser großer erster Lehrer.
Gepriesen seien alle Schüler des Weges.
Gepriesen sei Bodhidharma,
der radikale Befreier in China.
Gepriesen sei Eihei Dogen,
unser edler Ahne des ewigen Friedens.
Gepriesen sei Shogaku Shunryu,
unser mitfühlender Gründer.

Danksagung des Übersetzers

Diese Übersetzung ist über einen langen Zeitraum gewachsen, und viele Menschen haben mich dabei in großzügiger Weise unterstützt. Ich bedanke mich bei folgenden Personen, die auf die eine oder andere Art Einfluß auf den Text genommen haben: Anna Frailing, Renate Gollin, Ori Gotfrid, Barbara Kökenhoff, Christina Lehnherr, Johannes Meyer, Jonathan Schaffner und Leila Shunnar.

Bernd Bender
San Francisco, Juni 1998

Das **Samadhi des Schatzspiegels** ist entnommen: Taisen Deshimaru, Hokyo Zanmai: Samadhi des Schatzspiegels, Kristkeitz Verlag, 1981. Mit freundlicher Genehmigung des Verlages.

Das **Herz-Sutra** ist entnommen: Thich Nhat Hanh: Vierzehn Tore der Achtsamkeit, Theseus Verlag, 1988.

Das **Theranamo-Sutta** ist entnommen: Thich Nhat Hanh: Der Klang des Bodhibaums, Theseus Verlag 1995.

Inhalt

Teil 3
ZEIT UND RAUM

Danksagung

Unzählige Wesen haben direkt oder indirekt zur Entstehung dieses Bandes beigetragen. Ich danke allen, möchte aber einige mit Namen nennen. Über viele Jahre haben mich unermüdliche und geduldige Zen-Schüler und -Lehrer eingeladen, über das zu sprechen, was mir am meisten am Herzen liegt, über die Praxis der Zen-Meditation. Einige wollten diese Vorträge einem größeren Kreis zugänglich machen und bestärkten mich darin, sie niederzuschreiben und in einem Buch zu vereinen. Meiya Wender gab den ersten Anstoß zu diesem Projekt, redigierte viele Texte und unterstützte in umfassender Weise die erste Ausgabe des Buches. Susan Moon war die Herausgeberin der Erstausgabe, ihre Bemühungen um das Manuskript, ihre Auswahl, Bearbeitung und Zusammenstellung der Texte prägen den Stil und Ton der ersten und aller folgenden Ausgaben.

Durch die Jahre haben sich viele Personen der Transkription und Bearbeitung dieser Vorträge gewidmet. Ganz besonders möchte ich mich bei jenen bedanken, die mir bei der Bearbeitung früherer Versionen behilflich waren, die in *Wind Bell*, der Zeitschrift des Zen-Zentrums von San Francisco erschienen sind: Shosan Austin, Peter Bailey, Rusa Chiu, Sonja Gardenswartz, Jane Hirshfield, Michael Katz, Myo Lahey, Jeffrey Schneider, Furyu Schroeder, Laurie Senauke, Meiya Wender und Michael Wenger. Leslie Boies redigierte »Vatertag«. Susan Moon redigierte »Die Akupunkturnadel des Zazen« und »Leben wird nicht getötet«; beide Vorträge erschienen zuerst in *The Turning Wheel*. Rosalie Curtis war für das Layout der ersten Ausgabe verantwortlich.

Für die vorliegende Neuausgabe überarbeiteten Setsuan Godwin und Charlie Pokorny noch einmal den gesamten Text und machten Verbesserungsvorschläge. Diana Gerard leistete insbesondere bei der Recherche für die genauen Quellenangaben der verwendeten Zitate unschätzbare Dienste.

An dieser Stelle möchte ich auch meinen Dank für die deutsche Übersetzung zum Ausdruck bringen. Vor einiger Zeit machte Bernd Bender den Vorschlag, diese Vorträge ins Deutsche zu übersetzen, und fragte mich, ob ich damit einverstanden sei, wenn er sich dieser Arbeit annehmen würde. Ich war einverstanden, und die Übersetzung liegt nun vor. Ich bin zutiefst gerührt und dankbar für sein Entgegenkommen und sein großes Bemühen darum, diese Texte einem größeren Kreis von Menschen zugänglich zu machen, für den sie, wie er glaubt, von Nutzen sein können.

Abschließend möchte ich meiner Tochter Thea Anderson danken. Sie brachte mir bei, ein Vater zu sein, indem sie darauf bestand, sie selbst zu sein; und ich danke Rusa Chiu für ihre unschätzbare und grenzenlose Unterstützung.

Vor euch allen verbeuge ich mich tief.

Tenshin Reb Anderson
Green Dragon Tempel, April 1998

Vorwort

Am Anfang des Buches, das Sie in Händen halten, eine Sammlung weißer Blätter mit schwarzen Markierungen, stand eine Stimme – die Stimme von Tenshin Reb Anderson –; und sie erklang in einem Zen-Tempel. Ursprünglich waren die einzelnen Kapitel Dharma-Vorträge, gehalten im Tassajara-Zen-Zentrum und auf der Green-Gulch-Farm, zwei Plätzen, die mir auf dieser Welt am liebsten sind. Ich möchte Ihnen kurz die Szenerie beschreiben, Ihnen von dem erzählen, was in den Worten nicht zu finden ist: der Duft, der Klang, die körperliche Erfahrung.

Vor einigen Wintern hatte ich das Glück, als Nonne in Tassajara zu sein, und lauschte dort, in einem Tal tief in den Bergen, diesen Vorträgen. Während der Praxis-Perioden im Winter werden die Vorträge am frühen Vormittag gehalten. Im Zendo, der Meditationshalle, ist es kalt. Die Sonne steht zwar schon am Himmel, aber ihr Licht fällt noch nicht bis ins Tal, um das Zendo zu erwärmen. Der Tau des frühen Morgens fällt um diese Zeit noch von den Dächern.

Der Bach neben dem Zendo läßt ein beständiges Lied erklingen; wie der Atem schwillt er mit dem Regen an und ab. Das Krächzen der Eichelhäher akzentuiert Rebs Stimme. Ordentlich geputzte Petroleumlampen erleuchten den Raum, ihr Licht bricht sich im polierten Holz. Und die Menschen im Raum – auch wir sind Lampen, wie wir in unseren schwarzen Roben auf einer erhöhten Plattform sitzen und Kalorien verbrennen. Uns von Moment zu Moment atmend, sind wir in diesen langen Monaten gemeinsamen Sitzens in diesen stillen Bergen, an diesem geschützten Ort, zu einer vertrauten Familie geworden.

Selbst im Inneren des Zendo kann man die frische Bergluft spüren. Natürlich riecht man auch die abbrennenden Räucherstäbchen. Wenn ein Vortrag länger dauert, länger als geplant, muß das Küchenteam das Zendo frühzeitig verlassen, um das Mittagessen zuzubereiten. Während sie für uns kochen, hören wir zu, für sie. Die Eichelhäher werden immer lauter und begrüßen die Sonne, deren Strahlen jetzt den Talboden erreichen.

Einige der Vorträge wurden auf der Green-Gulch-Farm gehalten. Green Gulch ist ebenfalls ein Tal, liegt aber am Meer, und dort ist die Luft feucht und weich. Manchmal kann man im Zendo die Wellen des Pazifiks hören. Die Frösche quaken im nahegelegenen Teich, und dann wieder hört man in der Ferne, auf dem Highway One, einen Wagen vorbeibrausen. In Tassajara und Green Gulch sind die Zuhörer in einem Tal eng aneinandergeschmiegt, wie in einer Schale, wie in Buddhas geöffneten Händen. Die Wörter des Vortrags mischen sich mit dem Quaken der Frösche, dem Poltern der Müllabfuhr und füllen eine Silberschale mit Schnee, lassen Milch in Milch fließen.

Rebs Vorträge sind voller Hingabe, so, wie ein Bergbach voller Hingabe ist. In seiner Art des Sprechens liegt etwas Leidenschaftliches: die Bereitschaft, jeden Moment in Kontakt zu sein. Er sitzt vollkommen aufrecht. Seine Stimme ist weich und in ihrer Sanftheit zugleich bemerkenswert eindringlich. Manchmal spricht er mit Bedacht, dann wieder ergießt sich eine Flut von Wörtern aus seinem Mund, aber immer so, als hätte er alle Zeit der Welt zur Verfügung. Und die hat er auch. Er macht eine Pause, schaut uns an und fragt manchmal: »Können Sie mir folgen?«, »Haben Sie Hunger?«, »Sollen wir ein Lied singen?« Die Wörter vermischen sich unmittelbar mit dem Klang der Eichelhäher, so daß auch diese jetzt sagen: »Hört auf den Körper. Leben wird nicht getötet.«

Reb fordert seine Zuhörer heraus. Er verlangt, daß wir unsere normale Vorstellungswelt hinter uns lassen. »Farben zu ergreifen bedeutet, daß die Farben nicht einfach nur Farben sind, sondern da gibt es auch Ihr Ergreifen. Das ist Leiden.« Was meint er damit? Die schwarzen Kissen, das schimmernde braune Holz, das das Licht der Laterne spiegelt, das Grün in der Socke des Nachbarn, die einen Moment lang unter seiner Robe hervorschaut? Oder die Intensität des Rosa vom Holzapfelstrauch, sichtbar durch die geöffnete Tür? »Aber sobald wir diese Phänomene nicht ergreifen, wenn es keine Naht zwischen ihnen und uns gibt, verwandeln sich dieselben Farben in ein Dharma-Tor der Stille und der Glückseligkeit.«

Weil wir alle im selben Boot sitzen, erzählt Reb immer wieder Geschichten, die von uns allen handeln. Einige handeln von ihm: die vom Hund, den er hatte, als er klein war; die, in der er beschreibt, wie es ist, ein Vater zu sein; dann wieder geht es einfach nur um das Aufräumen seines Schreibtisches. Er vermischt die alten Zen-Erzählungen der Buddha-Ahnen mit Geschichten von Schülern und Freunden. Wir hören vom Zen- Mönch Guter Diener, der sein Spiegelbild in einem Fluß sieht und erwacht. Wir hören von den Sorgen einer Zen-Nonne in Tassajara, die durch das Kleinschneiden von Rüben getröstet wird. Wir hören von Dogen, der vor seinem Tod einen Pfosten umkreist, und von einer Schülerin, die von ihrem lauten Schlucken während Zazen gequält wird. Alle Geschichten sind wichtig.

Jetzt haben sich die Geschichten in die Kapitel eines Buches verwandelt, und viele Menschen können sie lesen. Die Wörter haben die Direktheit von Rebs Stimme behalten. Wir können immer noch seine Hingabe spüren, sein Anliegen, sich seinen Zuhörern vollständig zu offenbaren, den Praktizierenden des Weges, den Leserinnen und Lesern. Er hält nichts zurück. Zugleich erweckt er unsere tiefste Anteilnahme. Immer wieder werden wir daran erinnert, wie innig verbunden wir sind. Wir alle sind Buddha. »Jeder von Ihnen – nicht einzeln, sondern zusammen in einem Kessel mit allen Wesen schmorend – verwirklicht Erwachen.«

Susan Moon Berkeley, Kalifornien, August 1994

Vorwort
zur deutschen Ausgabe

Tenshin Andersons Vorträge/Teisho sind eine lebendige Weise, die unfaßbare Natur des ursprünglichen Geistes und des Zazen Tag für Tag neu zu ergründen und zum Ausdruck zu bringen. Der zeitlosen Wahrheit der ursprünglichen Geistverfassung kann man nichts hinzufügen. Da sie unergründlich tief ist, will sie jedoch immer von neuem erforscht und zum Ausdruck gebracht werden. So ist Zen-Praxis.

Das ist das Werk, das Lehrer und Schüler zusammen tun. Ein Prozeß des natürlichen Reifens und Wachsens. Ein lebendiger Weg, ein lebendiges Dharma, das ganz unaufdringlich seine Frucht hervorbringt.

Die verschiedensten Aspekte dieses ungreifbaren Flußes tauchen auf und entfalten sich in Wechselwirkung mit jeder Lebenssituation der Zeit und den Umständen entsprechend – um dann wieder zurückzukehren in die schweigende Anfanglosigkeit, zur Quelle, in der Tiefe des Geistes.

Möge dieses Buch all seine Leserinnen und Leser dazu ermutigen, ihr Verständnis und Gefühl des Bodhisattva-Weges zu erweitern und zu vertiefen.

Mit drei Verneigungen in Richtung
Der kalten Berge

L. Tenryû Tenbreul, Berlin, Mai 1998

Teil 1

ERWACHTE PRAXIS

Das Herz-Sutra

Der Bodhisattva Avalokita, tief im Strom
vollkommenen Verstehens, betrachtete die fünf
Skandhas und fand sie gleichermaßen leer. Dies
durchdringend, überwand er alles Leiden.
Höre, Shariputra, Form ist Leerheit, Leerheit
ist Form. Form ist nichts anderes als Leerheit,
Leerheit ist nichts anderes als Form. Das gleiche
gilt für Empfindungen, Wahrnehmungen, Geistesformationen und Bewußtsein.
Höre Shariputra, alle Dinge sind durch Leerheit ge-
kennzeichnet; weder entstehen sie, noch vergehen
sie; sie sind weder unrein noch rein, sie nehmen
weder zu, noch nehmen sie ab. Daher gibt es in
der Leerheit weder Form noch Empfindung, noch
Wahrnehmung, noch Geistesformationen, noch
Bewußtsein; kein Auge, kein Ohr, keine Nase, keine
Zunge, keinen Körper, keinen Geist, keine Form,
keinen Klang, keinen Geruch, keinen Geschmack,
keine Berührung, kein Objekt des Geistes; keinen
Bereich der Elemente (von den Augen bis zum
Geist-Bewußtsein); kein bedingtes Entstehen
und kein Erlöschen des bedingten Entstehens
(von Unwissenheit bis zu Alter und Tod); kein
Leiden, keinen Ursprung des Leidens, kein Ende
des Leidens und keinen Pfad; kein Verstehen,
kein Erlangen.

Weil es kein Erlangen gibt, finden die
Bodhisattvas, in vollkommenem Verstehen ruhend,
keine Hindernisse in ihrem Geist. Keine Hindernisse
erlebend, überwinden sie die Angst, befreien sich
selbst für immer von Täuschung und verwirklichen
vollkommenes Nirvana.
Alle Buddhas der Vergangenheit, Gegenwart
und Zukunft erreichen dank dieses vollkommenen
Verstehens volle, wahre und universale Erleuchtung.
Daher sollte man wissen, daß vollkommenes
Verstehen das höchste Mantra ist, das Mantra ohne-
gleichen, das alles Leiden aufhebt, die unzerstörbare
Wahrheit.
Das Mantra der Prajñaparamita sollte daher
verkündet werden.
Dies ist das Mantra:

> *Gate gate paragate*
> *parasamgate*
> *bodhi svaha.*

Die Akupunkturnadel
des Zazen

Ich möchte über Zazen sprechen. Zazen, das ist aufrechtes Sitzen im gegenwärtigen Moment, genau hier, im Zentrum von Buddhas Geist. Von Dogen Zenji, unserem großen Lehrer, gibt es einen Text über Zazen mit dem Titel *Zazen-Shin*. Es gibt zwei Möglichkeiten, diesen Titel zu verstehen. *Zazen* heißt – nun, niemand weiß, was es heißt –, Zazen ist Zazen. *Shin* bedeutet Nadel, genauer gesagt, die Bambusnadel, die man in früheren Zeiten zum Akupunktieren benutzt hat. Eine Möglichkeit, diesen Titel zu deuten, wäre zu sagen, daß Zazen die Nadel ist, die wir in unser Leben stechen; eine Nadel, mit der wir uns um das Leben bemühen. Wenn wir diese Nadel an der richtigen Stelle ansetzen, so wird sie uns tief berühren. Wir werden anfällig für die Totalität des Lebens, empfindsam allen Lebewesen gegenüber und so empfänglich, daß wir erkennen, wie zutiefst verbunden wir miteinander sind. Diese Weichheit verwandelt uns und andere. Dies passiert, wenn wir Zazen als eine Akupunktur-Behandlung unseres Lebens begreifen. Die andere Möglichkeit der Deutung liegt darin, *Zazen-Shin* als eine Behandlung von Zazen selbst zu verstehen. Es ist die Nadel, mit der wir uns von unseren Versuchen, Zazen zu praktizieren, kurieren; das Mittel, mit dem wir unser Mißverständnis über die Praxis des Zazen behandeln.

Anfangs praktizieren die meisten von uns Zazen so, wie wir auch andere Dinge tun. Wir praktizieren Zazen, um etwas zu erreichen, um irgendeine Situation zu verbessern. Wir praktizieren so, als ob es wirklich etwas gäbe, was wir selbst tun könnten. Wir verstehen unser Selbst als etwas, das in der Lage ist,

Dinge zu tun – buddhistische Praxis, Zazen –, und dieses Mißverständnis ist tief in uns verwurzelt. Das ist normal; wir denken alle so.

Dogen Zenji schrieb: »Anfangs nähert ihr euch dem Weg,
indem ihr euch aus seiner Nachbarschaft entfernt.« Zu Beginn
der Beschäftigung mit buddhistischer Praxis entfernt man sich
von ihr gerade dadurch, daß man sich ihr zu nähern versucht,
statt sie auf der Stelle zu verwirklichen. Daran läßt sich nichts
ändern. Immer versuchen wir, etwas zu verbessern. Das ist die
Art und Weise, in der wir alles betrachten, es ist unvermeidlich.
Wenn wir zu praktizieren anfangen, brauchen wir eine Behandlung, brauchen wir ein Medikament gegen unser Mißverständnis von dem, was Praxis ist. Darf ich also eine Nadel in Ihrer
Zazen-Praxis anbringen?

Zuallererst bedeutet Zazen die Praxis des Zusammenlebens
mit allen fühlenden Wesen. Zazen kann nicht einseitig praktiziert werden. Ich kann kein Zazen machen, das von Ihnen
getrennt ist, und Sie machen kein Zazen abseits von allen anderen. Zazen verwirklicht sich im Einklang mit allen fühlenden
Wesen. Eine Person allein kann nichts Gutes tun. Gutes wird
zusammen mit allen fühlenden Wesen getan.

Zazen ist so wie unser Leben selbst, und unser Leben ist wie
eine Bootsfahrt. Dogen Zenji sagt, man setzt die Segel, sitzt aufrecht, man drückt die Zunge gegen den Gaumen, kreuzt die
Beine und rudert. Und obwohl man selbst rudert, ist es das
Boot, das uns zu fahren ermöglicht. Ohne das Boot könnte niemand fahren, aber zugleich macht dieses Fahren das Boot erst
zu dem, was es ist. Dieser Bereich des gegenseitigen Erschaffens
zusammen mit allen fühlenden Wesen – da, wo wir einander zu
dem machen, was wir sind – ist der Bereich des Zazen. Zazen,
das ist die Art und Weise, in der wir uns gemeinsam um unser
Leben kümmern.

Wir können uns ganz allein um unser eigenes Leben kümmern – das ist die Art, in der wir zu leben gewohnt sind. Das ist

das, was wir können. Sie sind bis hierher gekommen, gerade weil Sie sich um sich selbst kümmern können. Aber das ist kein Zazen. Jetzt, da Sie sich so gut um sich selbst kümmern können, haben Sie die Möglichkeit, Buddhas Geist zu verwirklichen, indem Sie lernen, sich zusammen mit allen fühlenden Wesen um sich selbst zu kümmern. Das ist die Bedeutung der Aussage: »Ein leeres Feld bestellen.« Ein leeres Feld bestellen ist das gleiche wie den Himmel bestellen. Wissen Sie, wie man in den Wolken pflügt? Dieses luftige Ackern geschieht gemeinsam mit allen fühlenden Wesen. Es heißt auch Zazen.

Jemand kam einmal zu Suzuki Roshi und fragte: »Wieso haben Sie mich noch immer nicht erleuchtet?« Ganz höflich antwortete Suzuki Roshi: »Ich bemühe mich.« Er hätte der Schülerin auch sagen können, daß sie sich selbst mehr bemühen müsse, aber das tat er nicht, sondern er sagte: »Ich bemühe mich.« Zazen ist die Art und Weise, in der wir uns gemeinsam mit allen Wesen um das Leben bemühen. Das kann ich nicht alleine tun. Können Sie einem Weg vertrauen, den Sie nicht alleine gehen können? Die meisten Menschen glauben nur an das, was sie alleine bewältigen können, aber ein Leben, das man alleine zu beherrschen glaubt, ist reines Elend. Wenn man aber Vertrauen in einen Weg hat, den man nicht alleine gehen kann, den man nur zusammen mit allen Wesen bewältigt, dann erfährt man direkte Befreiung.

Manche Leute sagen, daß Zen schwer zu verstehen sei. Das ist es auch, aber nicht, weil es unklar ist. Zen ist schwer zu verstehen, weil es wie der Himmel selbst ist. Betrachten Sie den blauen Himmel. Er ist schön anzuschauen, aber schwer zu verstehen. So groß, so endlos, wie wollen Sie das begreifen? Genau so schwer ist es, alle fühlenden Wesen zu verstehen, aber es ist überhaupt nicht schwierig, aufrecht zu sitzen und sich ihrer bewußt zu sein.

Eines Tages fragte ein Mönch den großen Lehrer Mat-su:
»Was ist Buddhas Geist?«
Mat-su antwortete: »Geist selbst ist Buddha.«
Später sagte jemand zu Mat-su: »Ich höre, du behauptest,
daß Geist selbst Buddha sei.«
»Ich sage das den Menschen, den Kindern, damit sie mit
dem Weinen aufhören.«
»Und was sagst du, nachdem sie zu weinen aufgehört
haben?«
»Dann sage ich: ›Kein Geist, kein Buddha.‹«

Die Praxis von »kein Geist, kein Buddha« gründet in tiefem
Glauben. Sie bedeutet, dem zu vertrauen, was gerade geschieht.
Dem *Was*, der Frage, selbst zu vertrauen. Schieben Sie Ihre
Zweifel beiseite und vertrauen Sie! »Was« – vertrauen Sie! Nicht
»ihm«, einem Ding, das Sie denken können. Vertrauen Sie dem,
was Sie nicht denken können. Vertrauen Sie der Unendlichkeit
des Raums. Vertrauen Sie jedem einzelnen Lebewesen. Bauen
Sie auf Ursache und Wirkung; endlose, unbegreiflich komplexe
und wunderbare Ursache und Wirkung. Dieser Glaube hat unbegrenzte Möglichkeiten. Denken Sie an die Unbewegtheit.
Stellen Sie sich vor, alles Handeln aufzugeben. Und erinnern Sie
sich: Alles Handeln aufzugeben bedeutet nicht, das Handeln zu
lassen – dies wäre nur ein weiteres Handeln. »Aufgeben« bedeutet, daß Sie den Versuch beenden, die Dinge selbst zu tun, und
sich darauf einlassen, mit allen anderen zusammen zu handeln.
Vertrauen Sie Buddhas Geist. Ihm zu vertrauen bedeutet,
allen fühlenden Wesen Vertrauen zu schenken. Dies ist angst-
freie Liebe. Geben Sie alles auf, und dann gibt es nichts, was Sie
nicht lieben können.
Dogen sagt: »Geist selbst ist Buddha. Praxis ist schwierig; Erläuterung ist nicht schwierig.« Die Leute wollen eine Praxis, die
man erklären kann. Das füttert das verblendete karmische Bewußtsein. Zuerst macht man das, dann dieses und dann jenes;

die Menschen mögen das. Aber was man einfach erklären kann, ist schwer zu verwirklichen, denn die Erläuterung entfernt uns immer weiter von der Praxis selbst, und es bedarf allerlei Gegenmaßnahmen, um wieder auf den richtigen Weg zu gelangen. »Kein Geist, kein Buddha« ist demgegenüber nicht schwer zu verwirklichen, aber schwierig zu erklären. Es ist nicht schwer, still zu sitzen, denn das ist wie der Himmel selbst – aber es zu erklären ist so, als wolle man den Himmel verstehen.

Man verwirklicht Gutes so, wie man auch ein Boot steuert. Wenn sie jemandem, der hungrig ist, zu essen geben oder einem Kranken ein Geschenk machen, und Sie glauben, daß Sie dies ganz alleine tun, so irren Sie sich. Sie können ohne Boot nicht segeln. Sie brauchen das Boot; das Boot ermöglicht Ihnen die Fahrt. Wenn Sie jemandem zu essen geben, ermöglicht Ihnen das Essen die Fahrt; die Nahrung macht es Ihnen möglich, Essen wegzugeben. Alle fühlenden Wesen geben Ihnen diese Nahrung und verwirklichen dieses Essen durch Ihre Hände, Ihre Augen und Ihren Körper. Ohne Sie könnte dieses Essen nicht stattfinden; ohne alle anderen fühlenden Wesen könnte es nicht stattfinden. Lassen Sie mich etwas fragen: Wenn die Praxis aller Buddhas und Dharmavorfahren hier und jetzt verwirklicht wird, wer verwirklicht sie dann?

Ja – alle Wesen! Alle Wesen gehen diesen Weg in diesem Moment. Unbegreifbar ist er, aber ganz und gar zugänglich; es gibt nichts außerhalb von ihm. Die Frage, die ich habe, lautet: »Vertrauen wir uns ihm an?« Wenn ich mich selbst betrachte, sehe ich, daß nur Mangel an Einsicht und Mutlosigkeit mich davon abhalten, einer Praxis absolut zu vertrauen, der alle fühlenden Wesen verpflichtet sind. Mutlosigkeit, die Gesamtheit allen Lebens zu bestätigen, was das gleiche bedeutet wie die Mutlosigkeit, den Tod zu bestätigen. Aber Mut kommt mit Einsicht; der Einsicht, daß das Leben nicht bestätigt werden kann, ohne zugleich den Tod zu bestätigen.

Bin ich mit bestimmten fühlenden Wesen zusammen, aber dabei nicht gegenwärtig, fehlt mir der Mut, ihnen zu begegnen. Wenn ich mich in der Vergangenheit oder in der Zukunft aufhalte, fürchte ich mich vor dem, was er oder sie tun könnte, und vor meiner Reaktion darauf. Also halte ich mich zurück, und indem ich mich zurückhalte, versage ich dem Leben seine Bestätigung. In dieser Zurückhaltung bin ich unfähig, mich vollkommen um den anderen zu bemühen.

Aber ich kann einen Schwur ablegen, was für mich dasselbe bedeutet wie Zazen praktizieren. Ich werde nicht versprechen, allen fühlenden Wesen willentlich ganz und gar entgegenzukommen. Dies kann ich gar nicht. Aber ich gelobe, darauf zu vertrauen, daß alle fühlenden Wesen sich in meinem Leben begegnen, als mein Leben. Ich werde die Ankunft aller Dinge als mein Leben bezeugen. Das ist mein Schwur.

Und was wird Ihr Schwur sein? Möchten Sie sich dem Weg Buddhas anvertrauen, dem Weg, den alle fühlenden Wesen gemeinsam gehen? Oder wollen Sie ein uraltes karmisches Muster fortsetzen und aus der eigenen Willenskraft heraus leben? Bitte bedenken Sie meine Frage, und erklären Sie sich. Antworten Sie mir, wieder und wieder, so daß ich das Herz Ihres Zazen verstehen kann, das Herz Ihrer Liebe, das Herz Ihrer Weisheit.

Eine Zeremonie
zur Förderung des Zazen

Zazen ist die Quelle aller Lehren und Praktiken des buddhistischen Wegs. Obwohl der Begriff *Zazen* wörtlich »Sitzen in Konzentration« bedeutet, ist Zazen nicht auf Konzentrationspraxis beschränkt. Jede erleuchtete Konzentrationspraxis geht aus Zazen hervor und kehrt dorthin zurück. Dabei ist der eigene Geist gesammelt, ohne sich auf irgendeine Methode zu verlassen, und konzentriert sich auch nicht notwendigerweise kontinuierlich auf ein bestimmtes Objekt. Konzentrationsübungen existieren natürlich, und wenn man ihnen folgt, dann bedeutet Zazen, einfach aufrecht und unbewegt in der Mitte einer solchen Praxis zu sein. Wenn wir nicht einer Konzentrationsübung folgen, dann bedeutet es, einfach ruhig inmitten des Nichtübens einer solchen Praxis zu sitzen. Zazen ist pure Präsenz, unberührt von menschlichem Handeln. Viele Menschen versuchen ihren Geist zu konzentrieren und sind, nach ihren eigenen Vorstellungen, darin nicht allzu erfolgreich. Auf diese Art Konzentration zu praktizieren führt häufig zu Empfindungen des Mißerfolgs und Ungenügens. Selbst wenn man den Zustand der Konzentration durch individuelles Bemühen erfolgreich verwirklicht hat, ist der Geist durch diese Bemühung immer noch unruhig. In Buddhas Meditation existiert ein solches Bemühen nicht. Es befriedet den Geist, wenn wir den Wunsch aufgeben, den Geist zu befrieden.

Aus diesem Grund bestärke ich in der Zazen-Unterweisung Anfänger weder darin, den Geist in eine Konzentration auf Haltung oder Atem hineinzuzwingen, noch halte ich sie davon ab; ich schlage ihnen lediglich vor, aufrecht zu sitzen, mit einer gestreckten Wirbelsäule, offenen Augen und den Händen im kosmischen Mudra zusammengelegt. Wenn ich nach Anweisungen zur Konzentration auf Haltung und Atem gefragt werde, so erteile ich diese gerne. Konzentrationspraktiken können sich wohltuend auswirken und zur Entwicklung großer geistiger Fähigkeiten beitragen, aber die Konzentration auf ein Objekt wie den Atem kann sehr leicht Vorstellungen von Fortschritt und Nutzen vermitteln. Vorstellungen von Fortschritt und Nutzen stehen aber im Gegensatz zum Geist des Mahayana-Buddhismus, der auf das Wohlergehen anderer ausgerichtet ist und nicht auf die Verbesserung des individuellen Selbst. Das erkennen wir aber vielleicht am Beginn unserer Praxis noch nicht. Solange wir uns mit einer Meditation zur Selbst-Verbesserung beschäftigen, werden wir weiterhin in unserem Selbst gefangen sein. Sobald wir uns von der Idee befreit haben, es gebe ein Selbst, das zu verbessern sei, werden wir frei sein.

Obwohl es schwer sein mag, sich von ganzem Herzen auf ein Objekt zu konzentrieren, ohne in eigennützige Vorstellungen verwickelt zu sein, stellen diese eigennützigen Ideen zugleich einen wichtigen Schritt in der Entwicklung und Realisierung einer Praxis dar, die frei von allen Vorstellungen des Eigennutzes ist. Eine solche Praxis kann uns helfen, ein Behältnis zu formen, das eine uneigennützige Einstellung gegenüber der Meditation aufnehmen kann. Oftmals bringt das persönliche Bemühen – um Konzentration zum Beispiel – Praktizierende in einer förderlichen Art und Weise an eine Grenze, an der die Vergeblichkeit des Vertrauens auf individuelle Macht erkannt wird, und sich dadurch ein anderer Einlaß in Zazen eröffnet.

Das Zazen von dem ich spreche, ist weder Konzentrationspraxis noch Nicht-Konzentrationspraxis. Zazen zieht den Erfolg nicht dem Verlust vor. Zazen zieht Erleuchtung nicht der Verblendung vor. Sollten wir erleuchtet sein, so sitzen wir ohne Vorliebe ruhig inmitten der Erleuchtung. Sollten wir verblendet sein, so sitzen wir ohne Abneigung ruhig inmitten der Verblendung. Das ist Buddhas Zazen.

Das Ziel der Zazen Praxis ist die Erleuchtung und Befreiung aller fühlenden Wesen vom Leiden. Das ist das Ziel von Zazen, aber dieses Ziel ist nichts anderes als die Praxis selbst. Dieses Ziel verwirklichend, wird man frei von Eigeninteresse und Eigennutz. Freiheit von Eigeninteresse und Eigennutz verwirklicht das Ziel.

Selbst wenn man sich ohne Eigennutz und voller Freude auf Haltung und Atem konzentriert, kann Zazen nicht allein auf diese Form der Praxis festgelegt werden. Wie schon unser Ahne Dogen sagte:

> Zazen ist die Übung und Verwirklichung vollständigen Erwachens, die Offenbarung der letztendlichen Wirklichkeit. Schlingen und Netze können sich ihrer nicht bemächtigen. Wenn ihr das einmal im Herzen begriffen habt, werdet ihr sein wie der Drache, wenn er das Wasser erreicht, wie die Tigerin, wenn sie die Berge durchstreift.

Mit anderen Worten: Zazen sperrt sich gegen jegliche Reduzierung. Es kann weder auf Achtsamkeit noch auf Achtlosigkeit gegenüber Atem und Haltung reduziert werden. Keine Aktivität des menschlichen Körpers und Geistes kann es je erfassen.

Zazen beginnt nicht mit unserem Bemühen und endet auch nicht mit ihm. Wenn wir jedoch Zazen praktizieren, so geschieht dies in vollständiger Achtsamkeit, und wir werden uns sehr wohl bewußt sein, daß wir atmen. Es ist nicht so, daß unsere alltägliche Aufmerksamkeit keinen Platz mehr hätte, aber diese Praxis weilt weder in den Dingen, derer wir uns im Moment bewußt sind, noch kann sie durch diese definiert werden. Der große Lehrer Prajñadhara sagte:

Dieser unbedeutende Wandersmann: Wenn er einatmet, hält er sich nicht in den Gefilden des Körpers und Geistes auf. Wenn er ausatmet, verweilt er nicht in den Dingen dieser Welt. Beständig rezitiere ich diese Schrift.

Der Atem des Zazen läßt einen vertraut werden mit allen Bereichen der Erfahrung und befreit zugleich davon. Das ist das Atmen Buddhas. Man muß sich jedoch möglicherweise auch mit den Formen der Konzentration auf Atmung und Haltung bekannt machen, in ihnen bewandert sein, um ausreichend Vertrauen in die »selbstlose« Praxis des formlosen Atmens dieses »unbedeutenden Wandersmannes« zu entwickeln.

Zazen ist so formlos wie der offene Raum, manifestiert jedoch Formen als Antwort auf die spezifische Lebenssituation fühlender Wesen, so, wie der Mond sich im Wasser spiegelt. Da wir also möglicherweise Formen benötigen, um uns mit dem Formlosen in Verbindung zu bringen, geben wir Menschen, die neu ins Zen-Zentrum kommen, um etwas über Zazen zu erfahren, Anweisungen über das Ausführen einer formellen Zeremonie des Zazen. Anfänger wollen normalerweise irgend etwas zu tun bekommen, also geben wir ihnen etwas zu tun. Das Zazen unserer Schule ist jedoch nicht etwas, das man tun könnte. Die Zeremonie dient nur dazu, unsere Toleranz für eine formlose Praxis, die wir nicht tun können, zu erhöhen. Genau genommen ist erwachte buddhistische Meditation keine Handlung, die von einer einzelnen Person ausgeführt werden könnte, ist keine andere Form des Tuns, keine andere Form von Karma. Sie ist die Funktion der Erleuchtung, die zusammengefaßte Aktivität des gesamten Universums.

In konventioneller Sprache sagen Zen-Schüler: »Jetzt gehe ich in die Meditationshalle, um Zazen zu üben.« Die formalen Handlungen, die Sie oder ich ausführen, wenn wir die traditionelle Haltung der Sitzmeditation einnehmen, sind jedoch nicht wirklich das Zazen der Buddhavorfahren. Ihr Zazen hat nichts mit Sitzen oder Liegen zu tun. Diese rituellen Formen, die wir als Menschen praktizieren, sind eine Zeremonie, mit der wir unsere Verehrung für die eigentliche Realität von Zazen ausdrücken und feierlich bekunden.

Die zeremoniellen Formen eröffnen eine Möglichkeit, die Totalität von Zazen, die jenseits der Begriffe liegt, zu berühren und von ihr berührt zu werden. Sie sind Dharma-Tore, durch die Körper und Geist Einlaß in die Manifestation der Wirklichkeit des Zazen finden. Durch die Formen findet Zazen einen Weg in den Körper und verwirklicht Übereinstimmung mit dem Geist.

Wenn die Menschen während der Zeremonie des Zazen sitzen, gehe ich manchmal durch den Raum und justiere ihre Haltung. Diese Angleichung gebe ich als einen schweigenden »Kommentar« zu ihrer Haltung. Obwohl ich von der Schönheit ihres Bemühens um aufrechtes und ruhiges Sitzen begeistert bin, habe ich vielleicht doch Vorschläge zu machen, von denen ich hoffe, daß sie zu einer noch aufrichtigeren Hingabe an die Zeremonie des Zazen ermutigen.

Die Haltung unseres Körpers spiegelt unser Mitwirken an der Zeremonie und unsere Mitwirkung am ganzen Universum. Wenn wir unsere Haltung vollständig in der Zeremonie aufgehen lassen, dann geben wir uns ganz und gar dem Universum hin. Absolute Hingabe an das eine ist absolute Hingabe an das andere. Widerstand gegen das eine ist Widerstand gegen das andere.

Wenn unsere Wirbelsäule gekrümmt ist oder wir einen Buckel machen, ist der Brustbereich eingesackt, die Lungen sind zusammengepreßt und das Herz zieht sich zurück. Wenn sich die Wirbelsäule dagegen tiefer in den Oberkörper legt, so daß wir aufrechter sitzen, gibt es mehr Raum zum Atmen und das Herz öffnet sich. Wir fühlen uns dann lebendiger, und, uns lebendiger fühlend, werden wir offener gegenüber dem Leiden;

wir begeben uns dann tiefer in den freudvollen, lebendigen Bereich, in dem sich das Rad des Dharma dreht.

Sobald eine Person ihr Leiden vollständig annimmt, indem sie diese aufrechte Haltung einnimmt, fällt das Leiden von ihr ab. Auf diese Art und Weise mit unserer Haltung zu arbeiten bestärkt uns darin, vollständig zu erkunden, was es bedeutet, in einem Körper zu existieren und uns ganz in diese Präsenz hineinzubegeben.

Wenn man jedoch die Zeremonie des Zazen für Zazen selbst hält, kommen möglicherweise Vorstellungen von einer richtigen und einer falschen Art zu praktizieren auf. Dann fühlt man sich vielleicht nicht so wohl dabei, eine Meditationshalle zu betreten, weil man nichts falsch machen will. In Kategorien von richtig und falsch zu denken ist aber eine Falle und kann sich verstörend und abschreckend auswirken. Menschen, die zu diesem Denken neigen, empfehle ich eine weniger formelle, weniger zeremonielle Form der Meditation, so daß sie sich in Sitz- und Gehmeditation entspannen können, ohne sich in Sorgen um das, was richtig oder falsch ist zu verfangen. Wenn Körper und Geist durch die Praxis einer weniger zeremoniellen Form der Meditation zu Ruhe und Festigkeit gekommen sind, kann man vielleicht zu formeller Zen-Praxis zurückkehren; dann ist man hoffentlich besser in der Lage, erfolgreich mit den Problemen umzugehen, die sich als Reaktion auf diese Formalismen stellen und oftmals in Fragen von richtig oder falsch ihren Ausdruck finden.

Andererseits stellen für einige Menschen die zeremoniellen Formen eine Struktur der Zuflucht bereit, in der sie die formlose, objektlose Praxis des Zazen annehmen können. Die rituellen Formen sind ein Behältnis, aus dem heraus man in die unbegreifliche Aktivität der Erleuchtung eintreten kann.

Die Bedeutung des Zazen manifestiert sich als Antwort auf unsere Hingabe an die Zeremonie. So, wie es schon im *Samadhi des Schatzspiegels* gesagt wird: »Die Bedeutung liegt nicht in den

Worten, sondern tritt durch die Bereitstellung von Energie hervor.« Bedeutung manifestiert sich als Antwort auf die Bereitstellung unseres entschiedenen Bemühens und unserer Hingabe.

Einer der fundamentalen Texte unserer Schule, ist die *Zeremonie zur allgemeinen Förderung von Zazen* des großen Lehrers Dogen. Das chinesische Zeichen für »Zeremonie« im Titel des Werks setzt sich aus zwei Zeichen zusammen. Das erste bedeutet »Mensch« und das zweite »Gerechtigkeit«, »Rechtschaffenheit« oder »Bedeutung«. Die Zeremonie gibt Menschen also die Gelegenheit, sich mit der Bedeutung von Zazen in Verbindung zu bringen. Zazen ist selbstlose Praxis, die auf unsere aufrichtige Hingabe an die Zeremonie des Zazen antwortet. Die Unterweisungen stellen im Prinzip erprobte Formen einer formalen Zeremonie dar, die wir in einer Meditationshalle oder zu Hause ausführen können. Aber Zazen sperrt sich gegen jegliche Reduzierung. Zazen findet zu jeder Zeit und überall statt. Wir führen diese Zeremonie innerhalb bestimmter Begrenzungen von Zeit und Raum aus, um die unbegrenzte, alles durchdringende Wirklichkeit des Zazen zu feiern. Die Zeremonie ist die zentrale, rituelle Handlung der Zen-Schule. In einem Zen-Kloster praktizieren wir diese Zeremonie vielleicht einen ganzen Tag lang, aber es handelt sich dabei immer noch um eine Zeremonie und nicht um die Wirklichkeit von Zazen selbst. Die Zeremonie auszuführen heilt aber jede Kluft zwischen unserem Dasein und Buddhas wahrer Praxis des Zazen.

In dieser Zeremonie versuchen wir, vollkommen achtsam gegenüber allen Details unserer körperlichen Haltung und unserer Bewegungen zu sein. In formeller Weise betreten wir die Meditationshalle, gehen zu unserem Sitz, verneigen uns vor unserem Kissen und nehmen unseren Platz ein. Wir nehmen die Haltung auf unseren Kissen gemäß den sechs Punkten ein, die man in buddhistischen Meditationsmanualen beschrieben findet. Und dann »holen wir tief Luft, atmen ein und aus, wiegen unseren Körper nach rechts und links und lassen uns in einer stabilen, unbewegten Haltung nieder.«

Die Praxis des Zazen ist selbstlos. Ihre Bedeutung, die Erleuchtung und Befreiung aller lebenden Wesen, kann nicht durch die Kraft und durch das Bemühen eines einzelnen verwirklicht werden, so wie sie auch nicht durch die Anstrengung anderer verwirklicht wird. Wir können es nicht alleine tun, und kein anderer kann es für uns tun. Die Bedeutung verwirklicht sich im Zusammenhang des gemeinsamen und aufrichtigen Bemühens jedes einzelnen. Im *Samadhi des Schatzspiegels* heißt es dazu: »Frage und Antwort sind auf wundersame Weise vermengt.« Die Bedeutung tritt im selben Moment mit unserer Hingabe an die Zeremonie hervor. Von daher kann es kein Verständnis von der eigentlichen Bedeutung geben, das getrennt wäre von den Formen der Zeremonie. Das heißt, die Bedeutung des Zazen liegt außerhalb unseres Vorstellungsvermögens, obwohl sie verwirklicht werden kann. Da Erleuchtung zugleich mit der selbstlosen Praxis dieses Rituals verwirklicht wird, handelt es sich bei Zazen um eine Zeremonie unbegreiflicher Befreiung.

Das unbewegte Sitzen Buddhas ist nicht einfach nur Unbewegtheit und Schweigen, sondern stille, absolute Präsenz. In einer solchen Präsenz existiert auch nicht die geringste Einmischung in das, was geschieht. Es ist eine körperliche und geistige Nichteinmischung in unsere Erfahrung. Es ist tiefes Vertrautsein mit allem, was geschieht. Dieses Sitzen verwirklicht eine unbegrenzt anpassungsfähige Unbewegtheit, die sich auf die unbeständige Natur der Dinge einlassen kann und sich mit allen Situationen in Einklang zu bringen versteht.

Obwohl diese aufrechte Unbewegtheit ein grundlegendes Gegenwärtigsein darstellt, ist sie trotzdem nur ein Anfang. Sie öffnet das Tor zu einem vollständigen Verstehen des wechselseitigen, abhängigen Entstehens von ich und anderem. Dieses Wissen um das »Entstehen in wechselseitiger Abhängigkeit«

aller Wesen ist das Samadhi der Buddhas. In diesem Bereich des Gegenwärtigseins wird die Befreiung aller Wesen verwirklicht.

Zazen ist absolut frei, formlos und weder der Besitz einer Person noch der einer Schule. Der grundlegendste, innerste Aspekt der Praxis des formlosen Zazens der Buddhavorfahren findet jedoch im Bereich der Form statt. Aus diesem Grund bin ich zutiefst dankbar für die Formen einer Praxis des Sitzens, die uns dabei behilflich sind, Weisheit und Mitgefühl zu verwirklichen.

Ein Feld jenseits von Form
und Leerheit

Eines Tages schrie Yen-t'ou seinen Dharma-Bruder Hsüeh-feng
an:

>»Hast du noch nie das Wort gehört: ›Was zum Tor
hereinkommt, ist des Hauses Kleinod nicht?‹«
Hsüeh-feng seufzte: »Wie soll es nach alle dem nun
weitergehen?«
Da sagte Yen-t'ou: »Wenn du einmal die Große Lehre ausbreiten und verkünden willst, so laß es einfach
Wort für Wort aus deiner Brust herausströmen, daß
es den Himmel überschattet und die Erde einhüllt!«
Bei diesen Worten ging Hsüeh-feng das große Licht
auf.

Alles kann ein Kleinod sein, wenn wir still und bereit sind und
das Feld unserer Erfahrungen kultivieren. Indem wir so unsere
Praxis entwickeln, werden wir in der Lage sein, das zu verstehen, was Suzuki Roshi »ein Feld jenseits von Form und Leerheit« genannt hat. Dann können wir die Dinge bei ihrem Auftauchen erkennen. Wir werden zum Zeugen der Schöpfung
unseres eigenen Lebens. Wir glauben vielleicht, daß wir etwas
erschaffen können, nachdem wir es verstanden haben; umgekehrt sind wir der Wahrheit vielleicht etwas näher: Wenn wir
unserem eigenen Entstehen beiwohnen, dann können wir verstehen. Wenn wir in einem gut entwickelten Körper-Geist ruhen, können wir gegenwärtig seinem Entstehen beiwohnen. Suzuki Roshi sagte, daß wir unsere Bemühungen erst verstehen
werden, wenn wir ihren Ursprung kennen. Wir müssen den Be-

ginn dessen erkennen, was wir hier in diesem Leben, in dieser Praxis tun. Nur wenn wir uns grundlegend um die alltäglichen Details unseres Lebens kümmern, werden wir einen sicheren Grund haben, auf dem wir uns bewegen können. Dies ist sicherlich keine großartige Arbeit, aber durch sie entwickeln wir ein wundervolles Bewußtsein, das das Leben umfassend zu schätzen weiß. Dazu gibt es einen Zen-Ausspruch: »Hinter jedem Juwel stehen dreitausend Arbeitspferde.«

In unserer Sitzpraxis kultivieren wir die Stille. Wir fördern einen wachen, flexiblen und gefestigten Körper und Geist, und diese Pflege ist etwas Nährendes, eine mütterliche Aktivität. Wenn dieses mütterliche Tun sorgfältig ausgeführt wird, wächst ein neuer Sproß des Buddhismus heran. Wir können ihn wahrnehmen und uns an ihm erfreuen. Ein Gärtner erklärte mir einmal, wie wichtig es sei, nachdem ein Beet angelegt wurde, sich um die Handbreit Luft direkt über dem Boden zu kümmern. Wenn wir uns in der Meditation um den Boden bzw. den Grund des Bewußtseins gekümmert haben, müssen wir auch an den lebendigen Raum denken, der direkt über diesem umsorgten und gefestigten Bewußtsein liegt. In dieser Handbreit Raum sprießt die Lotusblüte. Es ist ganz wichtig, diese ersten Gedanken-Knospen zu fassen, sobald sie sich zeigen.

Wang Wei, Dichter der T'ang-Dynastie, sagte:

> Ich folge dem Fluß bis zur Quelle,
> Ich halte inne und warte auf den Moment,
> wenn sich die Wolken bilden.

Zeigt sich etwas, so können wir das spätere Wachstum nicht wirklich würdigen, wenn wir den Anfang verpassen. Wir haben dann den Moment der Verbindung mit der Quelle am Grund verpaßt.

Das trifft auch auf die Geburt eines Kindes zu. Falls die Mutter unter Betäubung steht und ihr Kind nicht sehen kann, sobald es geboren wird, oder wenn es ihr gleich weggenommen wird, prägt das die frühe Mutter-Kind-Beziehung. Das gilt auch für die Väter. Lange Zeit konnten sie bei der Entbindung nicht dabei sein. In den letzten Jahren erlaubt man Männern vielerorts, bei der Geburt ihrer Kinder zugegen zu sein. Ob man dabei ist, wenn das Kind gerade herauskommt oder erst einige Minuten später, ist wirklich von großer Tragweite. Es scheint erwiesen, daß Kindesmißbrauch weitaus seltener vorkommt, wenn der Vater frühzeitig eine tiefe, unterstützende Beziehung zu seinem Kind eingeht. Wir können auch unser eigenes Leben tiefer schätzen und achten, wenn wir der Geburt unseres Kindes beiwohnen.

Es war äußerst wichtig für mich, den Kopf meiner Tochter auftauchen zu sehen, als sie aus dem Mutterleib kam, nachdem ich neun Monate Schwangerschaft und 23 Stunden Wehen miterlebt hatte. Ich sah eine Art Beule, folgte ihrer Krümmung und versuchte mir die Größe des Kopfes vorzustellen. Aber der Kopf hat während der Geburt nicht die gleiche Form wie später. Bei der Geburt lastet so viel Druck auf ihm, daß erst mal nur eine kleine Beule sichtbar wird. Und so stellte ich mir den Kopf viel kleiner vor, etwa so groß wie eine Grapefruit. Ein viel, viel größerer kam zum Vorschein – fast so groß wie ein Kürbis! Ich mußte lachen, als ich diesen riesigen Kopf herauskommen sah – einen riesigen Kopf mit einem stillen, wachen Buddha-Gesicht. Seitdem hänge ich voller Hingabe an dieser Person, weil ich sah, wie sie zum erstenmal auftauchte.

Aus diesem Bemühen um den Grund unserer Erfahrung resultiert auch Furchtlosigkeit. Ein Zen-Lehrer fragte: »Wer kann die Glocke am Hals des Tigers aufknoten?« Er gab selbst eine Antwort darauf: »Natürlich der, der sie zugeknotet hat.« Diese Person hat keine Angst vor dem Tiger, weil sie ihn kennt und mit ihm schon vertraut war, als er noch ein kleines Kätzchen gewesen ist.

35

Als kleiner Junge hatte ich Angst vor Hunden. Nicht vor ganz jungen, aber vor ausgewachsenen Hunden. Sie mußten noch nicht mal sehr groß sein – nur ausgewachsen. Die Hunde schienen zu wissen, daß ich mich vor ihnen fürchtete, und jagten mich durch die gesamte Nachbarschaft. Dann kam ein Schäferhundwelpe in unser Haus. Vor diesem Schäferhund hatte ich keine Angst – er war so ein süßes, kleines Ding. Dann wuchs und wuchs er, bis er 53 Kilo wog. Während er wuchs, bekam er auch noch diese männlichen Hormone. Er wurde ein richtig wilder Hund – viel größer als jeder Hund, der mich je gejagt hat. Ich hatte aber keine Angst vor ihm, denn er war ja mein Baby gewesen. Meine Freunde fürchteten sich vor ihm zu Tode, und ich zog sie auf, indem ich zu ihnen sagte: »Alles in Ordnung – er tut euch nichts ... wenn ihr euch nicht bewegt.« Wenn wir also die Herkunft unseres Lebens und aller Dinge verstehen, dann werden wir vor nichts Angst haben und alles zu würdigen verstehen.

Wie nun können wir da sein, wenn unser Leben entsteht? Durch einfache, harte Arbeit: gute Pflege, wenden, mischen, verkomposieren, und dann müssen wir den Grund unseres Daseins ebnen und ihn in aufrechtem, wachem Sitzen aufmerksam betrachten.

Bei unserem Versuch, aufrecht zu sein, fällt es uns manchmal schwer, wach zu bleiben. Wir versuchen dann vielleicht wach zu bleiben, indem wir uns darüber ärgern, nicht wachbleiben zu können. In diesem Fall sorgsam zu sein, könnte bedeuten, Freundlichkeit gegenüber unserer Schläfrigkeit und sogar Freundlichkeit gegenüber dem Ärger zu entwickeln. Der Ärger darüber, nicht konzentriert zu sein, regt uns nur noch weiter auf. Aber Freundlichkeit gegenüber dem Ärger, gegenüber der Person, die abgelenkt ist und dann ärgerlich über die Ablenkung wird – diese Freundlichkeit beruhigt. Einerseits geht es darum, wach und konzentriert dem Atem zu folgen, und andererseits allem, was geschieht, mit Wohlwollen zu begegnen.

Tatsächlich ist Freundlichkeit gegenüber allem, was geschieht, eine weitere Konzentrationsübung.

Dieses freundliche, wache, gefestigte und geschmeidige Bewußtsein bringt nicht nur Einsicht in die Herkunft der Dinge, sondern ist zugleich die totale Verkörperung und Aktualisierung von Leben und Tod.

Hier ist Chao-chous Herausforderung:

> Ein Mönch fragte Chao-chou: »Was ist der
> Unterschied zwischen dir und mir?"
> Chao-chou antwortete: »Ich nutze die 24 Stunden;
> du wirst von den 24 Stunden benutzt.«

Chao-chou fordert uns auf, den Yoga des aufrechten, wachen und freundlichen Daseins innerhalb der 24 Stunden zu praktizieren, die Möglichkeiten zu nutzen, die jeder Gedanke, jeder Atemzug beständig bietet. So können wir ein Leben verwirklichen, in dem wir unsere Kraft weder unterdrücken noch von ihr getrieben werden.

Eine solche pflegende Praxis wird manchmal das Tor der Verwirklichung genannt. Wir praktizieren dieses Tor der Verwirklichung, indem wir den Atem ganz und gar umfassen, ihn vollkommen ausdrücken und uns vollkommen durch ihn ausdrücken lassen. In diesem Raum des absoluten Ausdrucks erscheint jedes Ding als Lehre, und Chao-chous Aufforderung, die 24 Stunden unseres Lebens zu nutzen, wird realisiert. Dann verstehen wir, was Dogen mit der Aussage: »Genau dieser Geist ist Buddha« meinte. Diese sorgfältige Aufmerksamkeit gegenüber den Details unserer Erfahrung ist ein Kennzeichen unserer speziellen Strömung des Zen und der Schlüssel, der uns für die zentrale Aussage unserer Schule öffnet: »Form ist Leerheit, und Leerheit ist Form.« Das gleiche gilt für alle Dharmas. Unsere ureigensten Gefühle und Gedanken, unsere Empfindsamkeit und

Aufmerksamkeit sind nicht verschieden von absoluter Leerheit, dem Beginn aller Dinge.

Das Tor der Verwirklichung, von dem ich hier spreche, wird manchmal als ein »Eingehen aus der Alltäglichkeit in das Erwachen« beschrieben. Dem gegenüber spricht man auch noch vom Tor der Natürlichkeit und Spontaneität, dem »Eingehen vom Erwachen in die Alltäglichkeit«. Jetzt sind wir vielleicht bereit, dieses zweite Tor zu öffnen und zu diskutieren. Dazu möchte ich ein modernes Zen-Koan über das Eingehen vom Erwachen in die Alltäglichkeit anführen. Kurz vor Suzuki Roshis Tod hörte ich es von ihm. Es ist die Geschichte eines kleinen Jungen, eines jungen Mönchs, acht oder zehn Jahre alt. Sein Name war Oka-sotan; er wurde ein großer Lehrer. Er lebte im Kloster und wurde eines Tages zu einem Laden geschickt, um Eingemachtes für das Abendessen zu kaufen. Auf dem Weg zum Laden sah er einen der bunten Holzschnitte, mit denen in dieser Zeit Kabuki- und Zirkusvorstellungen angekündigt wurden. Er betrachtete diese Zirkuswerbung eine Zeitlang – wir wissen nicht, wie lange –, als er die Glocke für die Abendzeremonie hörte, die direkt vor dem Essen stattfindet. Er rannte ganz schnell zum Laden. Zum Inhaber sagte er: »Gib's mir!« Der Mann fragte: »Was?«, und der Junge erwiderte: »Das Eingemachte!« Als dieser es ihm gegeben hatte, rannte der Junge ganz schnell zum Kloster zurück. Aber noch bevor er dort ankam, fiel ihm ein, daß er seinen Hut im Laden vergessen hatte. Also rannte er zurück und sagte zum Inhaber: »Gib ihn mir!« Und der Mann fragte: »Was?« Der Junge sagte: »Meinen Hut!«, und der Mann wiederum sagte: »Der ist doch auf deinem Kopf.« Der kleine Oka-sotan rannte zurück zum Kloster. Ende der Geschichte.

Das erinnert mich an mein Leben – ich könnte so etwas tun. Dies sind ganz gewöhnliche Dinge, die jedem passieren. Es ist nur ein Koan, weil ich Ihnen sage, daß es ein Koan ist. Und ich sage Ihnen, daß es ein Koan ist, weil es für mich immer ein

Koan war. Für mich ist es ein Juwel – nicht nur, weil es eine nette Geschichte über einen Zen-Meister ist, sondern weil Suzuki Roshi, nachdem er sie erzählt hatte, sagte: »Er war ein sehr guter Junge.« Er war ein sehr guter Junge. Er war ein Buddha. Nicht nur, weil er zu einem großen Buddha wurde, sondern weil er schon ein kleiner Buddha war. Können Sie den Buddha in dieser Geschichte erkennen?

Nachdem ich Ihnen diese Geschichte erzählt habe, jetzt noch ein paar Vorsichtsmaßregeln für das Koan-Studium, die mündliche Tradition des Zen-Buddhismus. Koans müssen ganz und gar durchdrungen werden. Unser Ahne Tung-shan Liangchieh sagte:

> Wenn es euch aufregt, wird es zur Fallgrube.
> Wenn ihr es verfehlt, fallt ihr in zweifelndes Zögern.

Wenn Sie mit dem Koan-Studium anfangen, bevor Sie sich gut um sich selbst gekümmert haben, bevor Sie konzentriert und bereit sind, mag ein Erwachen stattfinden, aber dies ist nur eine *Idee* von Buddha. Der Buddha, den Sie treffen, bevor Sie bereit sind, kommt durch das vordere Tor. Der Buddha, der durch das vordere Tor kommt, ist eine Illusion, ist Mara. Es ist ein Bild von Buddha. Töten Sie es. Sobald Sie still und bereit sind, kommt Buddha nicht durch das vordere Tor, und Sie werden diese Geschichte aus Ihrem eigenen Leben heraus verstehen, weil Sie genauso dumm sind wie dieser Junge und genauso gut. Dieses Koan können Sie studieren, wenn Sie gegenüber allem, was geschieht, sehr freundlich gewesen sind – einen Moment lang, einen Tag, eine Woche. Wenn Sie es versuchen, sich aber aufregen und dann aufhören, sich um sich selbst zu kümmern, so hören Sie mit dem Koan-Studium auf, und kümmern Sie sich wieder um sich. Ansonsten träumen Sie nur davon zu wissen, wieso Oka-sotan ein guter Junge ist, ein sehr guter Junge.

Vom Sitzen im Herzen
des Leidens

Es heißt, daß alle Buddhas und Dharmavorfahren im Herzen aller Welten des Leidens sitzen. Genau dort entwickeln sie ihren unbeirrbaren Wunsch, Körper und Geist abfallen zu lassen, um so alle fühlenden Wesen zu retten.

Je nachdem, wie wir unser Leben führen, finden wir uns in einer von vielen möglichen Existenzformen wieder. Selbstverständlich gibt es unendlich viele, aber man unterscheidet im Buddhismus sechs Hauptgruppen, die man die sechs Welten nennt. Diese Welten, die wir für uns selbst erschaffen, haben bestimmte Namen, die wir ihnen gegeben haben: der menschliche Bereich; der Bereich göttlicher Glückseligkeit, der Höllenbereich extremer Qual und Isolation, der unersättliche Bereich der hungrigen Geister, der Tierbereich der Angst und der Bereich der kämpfenden Götter.

Der menschliche Bereich ist das Gravitationszentrum der anderen fünf; als menschliche Wesen neigen wir dazu, hierher zurückkehren zu wollen. *Jambudvipa*, was auf Sanskrit die »Insel der Apfel-Rose« bedeutet, befindet sich im Herzen des menschlichen Bereichs, direkt in seinem Zentrum. Genau dort sind wir jetzt. Es ist der Ort, an dem wir die Verbindung mit allen Formen des Leidens empfinden können.

Hier in *Jambudvipa*, dem Herzen des Leidens, sind wir allen Manifestationen des Leidens ganz nah, von den gröberen bis hin zu den subtilsten. Im Bereich der Glückseligkeit ist es schwierig, sich in extreme Isolation und Qual hineinzuversetzen. Und im Zustand größter Qual fällt es schwer, sich in Glückseligkeit einzufühlen. Aber im Zentrum dieses Bereichs von Leiden können wir das Leiden fühlen, das in glücklichen Erfahrungen gegenwärtig ist, in Qual, in Unbefriedigtsein, in Angst und Erstarrung sowie in der Gier nach Macht.

Der menschliche Bereich kann grundlegend als Unzufriedenheit charakterisiert werden, als Frustration all unserer Wünsche und Anstrengungen. Die Dinge sind nie ganz so, wie wir sie gerne hätten, und doch gibt es für uns nur in diesem Bereich die Möglichkeit, die Dinge so zu sehen, wie sie wirklich sind. Es hat keinen Zweck, in einem anderen Bereich nach Trost zu suchen. Die einzig mögliche Befriedigung liegt darin, sich hier und jetzt niederzulassen, einzulassen.

Unser Innehalten im Sitzen ist dieses Niederlassen und Zuhausesein im Herzen aller Lebewesen. Wie gelingt uns das? Eigentlich ist es ganz einfach. Es gibt nichts zu tun, da wir uns bereits an diesem Ort befinden. Unsere angesammelten Meinungen und Philosophien, unser menschliches Verlangen halten uns aber davon ab, wach zu sein für das, was sich in diesem Moment unmittelbar unter unseren Füßen befindet. Es kostet uns einige Anstrengung, unsere Idee von Anstrengung aufzugeben. Es braucht Mut, unsere persönlichen Ansichten aufzugeben und uns unserem Leben zu widmen, so, wie es gerade ist. Es gibt eine Beschreibung dieses Prozesses, die ich sehr hilfreich finde; sie stammt von dem chinesisch-buddhistischen Dichter der T'ang-Dynastie, Wang Wei:

> In meinen mittleren Jahren freundete ich mich
>   mit dem Weg an.
> Mein Haus befindet sich im Vorgebirge des
>   Südlichen Berges.
> Manchmal gefällt es mir, herumzuwandern und
>   Dinge zu betrachten, die ich ganz alleine schauen
>   muß.
> Ich folge dem Strom bis zur Quelle.

41

Ich halte inne und warte auf den Moment, wenn sich
die Wolken bilden,
Oder aber ich treffe jemanden im Wald,
Und wir lachen und reden und vergessen es, nach
Hause zu gehen.

Anfangs ist Meditation ein Sich-Niederlassen und Zurückzie-
hen ins Vorgebirge. Dann, wenn der Geist sich regt, wenn etwas
passiert, folgen wir dem Strom bis zur Quelle – bis zum Herzen
aller fühlenden Wesen. Wir sitzen still und betrachten, wie sich
die Wolken bilden. Diesem Moment beizuwohnen bedeutet,
die Unausweichlichkeit des Denkens und zugleich seine illuso-
rische Natur zu erkennen. An dieser Stelle entsteht Mitgefühl:
Wir betrachten das Hervorbringen der Phänomene und verstehen ihre Quelle.

Die Quelle des Erfahrungsstroms ist absolut ruhig und still.
Trotzdem wird sich etwas zu erkennen geben. Als zum Beispiel
Kishizawa Ian, Suzuki Roshis zweiter Lehrer, an einem verreg-
neten Tag in Meditation saß, hörte er einen entfernten Wasserfall. Dann wurde der *han* geschlagen. Er ging zu seinem Lehrer
und fragte: »An welchem Ort treffen sich der Klang von Regen,
Wasserfall und *han*?« Sein Lehrer antwortete: »Wahre Ewigkeit
fließt immer.« Daraufhin fragte er: »Was ist diese wahre Ewigkeit, die immer fließt?« »Ein immer klarer Spiegel.« »Gibt es etwas jenseits davon?« »Ja.« »Was ist es?« »Zerbrich den Spiegel.
Komm, und ich werde dich treffen.«

An dieser Quelle, absolut still sitzend, sind alle Buddhas und
alle fühlenden Wesen mit uns. Dann, weil wir lebendig sind,
bricht die Erfahrung des stillen Spiegels, und die Wolken des
Denkens zeigen sich. In diesem Moment müssen wir nicht denken: »Und jetzt muß ich Mitgefühl zeigen.« Mitgefühl drückt
sich darin aus, daß wir die tiefe Stille aufgeben und uns auf bestimmte Gedanken einlassen. Auf diese Weise betreten wir wis-

send und willentlich wieder die Welt der Verblendung und des Leidens.

Wolken bilden sich an der Quelle allen Denkens. An diesem Punkt fühlen wir die Verbindung mit den unterschiedlichsten Arten des Leidens. Wir sitzen still, ohne Furcht; wir sind offen und entspannt. Wir könnten aus unserem Sitzen heraus aufstehen und in die Hölle gehen, in den Himmel oder in den Bereich der Tiere. Genauso gut könnten wir diese Bereiche willkommen heißen, wenn sie zu uns kämen. An diesem Ort ist Mitgefühl nicht dualistisch: Weder tun wir etwas, noch können wir etwas verhindern. Unser Körper kommuniziert furchtlos mit allen Formen des Leidens. Das heißt weder, daß die Furcht existiert, noch, daß sie nicht existiert. Es bedeutet, daß wir uns gegenüber allen Arten von Angst öffnen, so daß die Kräfte um uns herum im Gleichgewicht sind.

Wir haben nicht mehr Freunde im Himmel als in der Hölle. Wenn wir zu viele Freunde im Himmel und zu wenige in der Hölle haben, entsteht Angst. Wir sollten unsere Umgebung betrachten: Kennen wir mehr Menschen im Himmel als in der Hölle? Falls das so ist, sind wir nicht wirklich ruhig. Wenn wir im Sitzen unseren eigenen Körper und Geist betrachten und erkennen, daß wir mehr Freunde im Himmel als in der Hölle haben, oder umgekehrt, dann haben wir noch nicht die Stille von Buddhas Geist verwirklicht. Immer dann, wenn unser Geist ganz und gar geöffnet ist und wir keine Kontrolle mehr über ihn ausüben, können Körper und Geist still im Herzen aller leidenden Wesen ruhen. Das ist alles, was wir zu tun haben. Alles weitere kommt dann von selbst.

In unserer Einführung in aufrechtes Sitzen sagen wir: »Nicht nach rechts oder links lehnen. Nicht nach vorn oder hinten lehnen.« Wir harmonisieren Körper und Geist. Das ist aufrichtiges Sitzen.

Der Buddha bat seine ordinierten Anhänger, ihre Nahrung von Haus zu Haus gehend zu erbetteln und dabei keine Rücksicht auf arm oder reich zu nehmen. Mahakasyapa, der erste Ahne unserer Linie, zog es vor, nur in den Vierteln der Armen zu betteln. Der Buddha sagte ihm, trotz dieser Neigung solle er nicht nur bei den Armen betteln.

Wir alle haben Neigungen, in die eine oder andere Richtung, nach vorn oder nach hinten, und manchmal justieren unsere Lehrer die Haltung und zeigen uns, was es heißt, in der Mitte zu sein. Wir neigen dazu, immer wieder in alte Bahnen zurückzufallen, bis wir verstehen, daß es schmerzhaft ist, nicht im Gleichgewicht zu sein. Darum ist das Sitzen sehr gut. Wenn wir nicht in unserer Mitte sind und lange genug sitzen, werden wir schon herausfinden, daß es so nicht geht. Am besten ist es, einfach aufrecht zu sitzen, ohne eine Richtung einer anderen vorzuziehen. Wenn wir wieder und wieder sitzen, wird uns unsere eigene Erfahrung schließlich zur Mitte zurückführen. Wenn wir aber nicht auf unsere Erfahrung hören, können wir nichts von ihr lernen und werden nirgendwo ankommen.

Ich persönlich muß jeden Tag sitzen. Obwohl ich dies schon eine ganze Weile tue, fällt es mir immer noch schwer. Morgens, wenn ich aufstehe, habe ich oft Schmerzen und komme nicht so recht in die Gänge. Ich setze diesen wunden, widerstrebenden Körper auf ein schwarzes Kissen, und sobald ich mich in der Haltung niederlasse, löst sich der Widerstand auf. Würde ich dies nicht tun, wäre ich später am Tag nicht bereit für die anderen auftauchenden Arten von Leid. Wenn aber dieser Körper sich in sich selbst niederlassen kann, dann ist er offen und leer, und ich bin bereit, Ihnen allen zu begegnen.

Es ist so wie mit Bambus bei fallendem Schnee. Der Schnee sammelt sich auf den Blättern, und der Bambus biegt sich. Er biegt sich und biegt sich und biegt sich. Er biegt sich so tief, daß schließlich aller Schnee abfällt und er zurückschwingt. Jeden Tag müssen wir unseren Anteil des Leidens erfahren und akzeptieren, und dann kann es abfallen und läßt uns zurück, bereit, unser Leben zu leben.

Ich betrachte das Bild unseres mitfühlenden Lehrers Suzuki Roshi dort an der Wand und empfinde, daß er uns alle einlädt, mit ihm zusammen zu sitzen. Dieses Sitzen ist für alle Buddhas und Dharmavorfahren eine große Freude. Sie sind mit uns verbunden; sie sind immer bei uns. Wir sitzen nicht nur mit ihnen, wir stehen auch mit ihnen auf, laufen mit ihnen und bringen das Herz des Leidens in alle Aktivitäten unseres täglichen Lebens ein. Dann fließt wahre Ewigkeit, wo immer wir sind. Kommen Sie wieder, um zu sitzen. Bitte kommen sie wieder, Tag für Tag.

Die fünf Skandhas

Es gab einmal einen Mann, und sein Name war Shakyamuni. Irgendwann wachte er auf und wurde sehr glücklich; er wurde zu einer großen Hilfe für alle anderen Lebewesen. Wir praktizieren immer noch seinen Weg. Er sprach sehr viel, um seine Schüler für das Leben zu interessieren. Er wollte, daß sie ihr Leben mit Aufmerksamkeit behandelten.

Ich habe schon mehrmals bemerkt, und ich werde es auch weiterhin sagen: Der Buddha hat nie behauptet, das Leben an sich sei enttäuschend und leidvoll. Viele Menschen glauben, er habe das gesagt, aber das hat er nicht. Tatsächlich drückte seine erleuchtete Haltung dem Leben gegenüber aus, daß das Leben unvergleichlich ist, unbeschreibbar und jenseits menschlicher Maßstäbe. Vielleicht hat er gesagt: »Toll, wunderbar! Wie wunderbar nicht nur für mich, sondern für alle Menschen!« Er versuchte, allen seine Begeisterung für das erwachte Leben zu vermitteln. Er lehrte, daß das Leben nicht notwendigerweise leidvoll ist; leidvoll ist es nur unter bestimmten Bedingungen. Diese Bedingungen nannte er »Verlangen und Anhaften«, und diesen Sachverhalt möchte ich uns heute näherbringen.

Nach der Tradition verlor Shakyamuni Buddha seine Mutter, als er sieben Tage alt war. (Viele große Lehrer aus den unterschiedlichsten spirituellen Traditionen haben ihre Eltern sehr früh verloren.) Der Buddha war ein aufmerksames Kind, und er bemerkte sehr schnell, daß seine Mutter nicht mehr da war, obwohl sie sofort durch eine liebevolle Tante ersetzt wurde und er unter den angenehmsten Umständen aufwuchs. Ich glaube, daß es zum Teil an dieser anfänglichen Katastrophe lag, daß Bud-

dhas Vater alles daran setzte, ihn vor allen Unannehmlichkeiten
zu bewahren. Ich stimme mit dieser Haltung überein. Ich glaube, daß man Kindern soviel Liebe, Unterstützung und Schutz
vor Schmerzen wie nur möglich zukommen lassen sollte. Dann
können sie stark und empfindsam werden und erkennen, was
Shakyamuni sah, als er heranwuchs, nämlich daß ausnahmslos
jeder Mensch alt und krank wird, leidet und stirbt. Das ist es,
was er sah.

Er nahm aber auch wahr, daß zwar alle um Altern, Krankheit
und Tod wissen, aber ... nun, was, glauben Sie, nahm er noch
wahr? Daß die Menschen diese Vorgänge bei anderen abstoßend finden. Merkwürdig, nicht wahr? Selbst Shakyamuni
fand diesen Prozeß bei anderen abstoßend. Er empfand aber
auch Bedauern wegen seines Widerwillens gegen Vorgänge, denen jeder unterworfen ist. Er hatte seine Mutter verloren, wurde in Liebe und in Wohlstand aufgezogen, war sehr empfindsam und erkannte seinen eigenen Widerwillen gegen Krankheit,
Verfall und Tod, und an diesem Punkt kehrte er um. Er verließ
seine privilegierte soziale Schicht und begab sich in eine ganz
anders geartete. Er versenkte sich ganz und gar in Altern,
Krankheit und Tod; ebenso in sein Schuldgefühl wegen des Widerwillens, den er empfand, wenn er diese Merkmale bei anderen bemerkte.

Wir können diese Geschichte biographisch verstehen, und
wir können sie als eine psychologische Metapher lesen: Alle
kannten wir einmal eine Zeit, in der wir das Glück des Eins-
seins mit allen Dingen genossen. Dies haben wir alle verloren.
Wir alle habe diese radikale Unschuld verloren. Sobald wir unseren Verlust erkennen, können wir damit beginnen, einen Weg
zurück zu dieser Einheit zu suchen.

Aber das Glück, das uns zuteil wurde, als wir sehr jung waren, haben wir nicht bewußt erlebt. Es ist ein zu umfassendes
Glück, als daß es sich selbst erkennen könnte. Teil unserer Entwicklung als menschliche Wesen besteht nicht nur darin, ein

großes, liebendes und freudvolles Herz zu haben, sondern auch, dieses zu erkennen, es sich ganz und gar bewußt zu machen. Anfangs, als Babys, erfuhren wir dieses Glück nur als eine dunkle, unbewußte Freude. Unsere Aufgabe als menschliche Wesen liegt in diesem Leben darin, diese Freude durch das Leid der Trennung hindurch, durch die Sehnsucht nach Einheit wiederzuerlangen. Der Buddha lehrt, daß wir uns befreien können, indem wir diesen Schmerz, diesen Verlust, dieses gebrochene Herz, mit dem alles seinen Anfang nimmt, studieren und erleuchten.

Ich bin oft über die Tatsache erstaunt, daß die erste Edle Wahrheit, die der Buddha uns zu betrachten auffordert, die Wahrheit vom Leiden, nicht sonderlich anziehend ist. Wäre es nicht viel angenehmer, über die Unendlichkeit des Bewußtseins oder über einen goldenen Buddha zu meditieren? Aber die ersten Anweisungen des Buddha an uns bestehen darin, etwas recht Unattraktives zu betrachten – nämlich den Ursprung des Leidens.

Dies erinnert mich an einen alten Witz:

> Zwei Männer stehen nachts auf dem Bürgersteig unter einer Straßenlaterne und starren in den Rinnstein. Ihnen nähert sich ein Polizist und fragt: »Was macht ihr denn da?«
> Einer der Männer antwortet: »Wir suchen seine Uhr.«
> »Ach, habt ihr sie hier verloren?« fragt der Polizist, und der andere Mann antwortet: »Nein, ich hab sie dort drüben verloren, aber hier ist das Licht besser.«

Wir alle haben unsere Uhren verloren und versuchen sie meist dort wiederzufinden, wo schon ein angenehmes, einladendes Licht leuchtet. Für viele von uns existieren Leid und Enttäuschung in der Dunkelheit, ohne angenehme Beleuchtung oder

wunderschöne goldene Aureolen, einladende Gesänge oder gut-
aussehende Menschen, die uns auffordern: »Komm hierher. Suche hier.« Unsere Uhren liegen an schweigenden, Angst ein-
flößenden, dunklen Orten. Wir können einige nette Plätze
unserer Psyche absuchen – aber gerade da sind unsere Uhren
vielleicht nicht oder unser ... Was ist es noch, was wir verloren
haben? Die Freude daran, lebendig zu sein?

Ich erwähnte es schon, Buddha sagte nie, daß das Leben an
sich enttäuschend sei. Auf Sanskrit sagte er: *Upadana panca
skandha dukkha. Upadana* bedeutet Anhaften. *Panca* heißt fünf.
Skandha kann man auch als Aggregate übersetzen, und *dukkha*
bedeutet Leiden, Frustration. Also an den fünf Aggregaten, den
fünf Elementen, die die menschliche Persönlichkeit begründen,
anzuhaften – das ist *dukkha* , das ist unser Leid. An den fünf
Aggregaten anzuhaften ist wirklich das einzige Problem unseres
Lebens. Sobald wir nicht anhaften, ist das Leben einfach nur
das Leben selbst.

Das erste der fünf Aggregate ist Form, bzw. *rupa* auf Sanskrit. Es gibt zehn Arten von Form: Farbe, Klang, Geruch, Geschmack und Berührung. Dies sind die fünf Felder der Sinne.
Daneben gibt es die fünf Sinnesvermögen, manchmal auch Sinnesorgane genannt. Sie sind die Entsprechung der fünf Felder
der Sinne: Auge, Ohr, Nase, Zunge und Körper. Diese Organe
sind für die Phänomene empfänglich und reagieren auf sie. Das
Augenorgan ist das, was in einem Lebewesen für Farbe empfänglich ist, auf sie reagiert und von ihr beeinflußt wird. Alles
Leben gründet im Körperlichen; es gibt keine Lebewesen, die
nicht auf die Sinne reagieren würden, also auf das erste der fünf
Aggregate.

Das nächste Aggregat heißt *vedana*, Gefühl oder Empfindung. Es gibt drei Arten von Empfindungen: das Gefühl des
Schmerzes, das der Lust und Befriedigung und das Gefühl,
nicht genau zu wissen, was man gerade empfindet. Diese wer-
tende Qualität existiert in jeder Erfahrung, die man macht.

Das nächste ist *samjña,* die Vorstellung. Dabei handelt es sich um einen Prozeß, in dem das Bild eines Objekts der Wahrnehmung mit dem Bewußtsein in Kontakt gebracht wird.

Das nächste Aggregat beinhaltet eine Vielzahl unterschiedlicher Elemente. Man nennt es das Strukturierungs- oder auch Kompositionsaggregat, *samskara.* Hier findet man Ärger, Verwirrung, Lust, Glaube, Konzentration, Fleiß, Schamlosigkeit und Scham, die Angst vor Tadel … und viele, viele weitere mögliche psychologische Prozesse. Diese tendieren dazu, die anderen Skandhas zu bestimmen. Sie beeinflussen die Aggregate der Form, der Empfindung und der Vorstellung und modifizieren auch das fünfte Aggregat, *vijñana,* das Aggregat des Bewußtseins, bzw. der Erkenntnis.

Alle Lebewesen bestehen aus diesen fünf Aggregaten. Kein Lebewesen kann Erfahrungen außerhalb dieser fünf machen. Jeder Moment des Lebens setzt sich aus diesen fünf Aggregaten, diesen fünf Elementen, zusammen. Unsere Praxis besteht darin, mit ihnen vertraut zu werden, wahrzunehmen, wie sie wirklich sind, wie sie ablaufen und zusammenwirken, um dieses wunderbare Ereignis, das wir Leben nennen, heraufzubeschwören.

Erinnern Sie sich: Der Buddha sagte nie, daß diese fünf Skandhas enttäuschend und schmerzvoll seien. Diese fünf sind das Leben. Enttäuschend ist es aber, an ihnen zu haften. An diesen fünf Aggregaten festzuhalten ist so, als wollte man fünf Kinder kontrollieren, fünf Halbstarke, fünf Dreijährige oder aber fünf betrunkene Fußballspieler. Es ist, als wollte man fünf quicklebendige, sich beständig verändernde, dynamische Existenzen unter Kontrolle halten. Das wäre eine sehr frustrierende Erfahrung. Diese fünf Aggregate ballen sich in jedem Moment zusammen – alle fünf gemeinsam, in ihrer ganzen schöpferischen Energie, sich augenblicklich verwirklichend. Dann verschwinden sie und sofort tauchen fünf weitere auf. Unser grundlegendes Problem im Leben besteht darin, daß wir versuchen, etwas zu kontrollieren, was auch nicht im geringsten kontrollierbar ist. Sobald wir die Skandhas einfach nur sich ereignen lassen, werden wir zu jemandem jenseits von Gut und Böse, jenseits von Schmerz und Lust. Wir werden dann zu dem, was man das Leben nennt.

Es muß vor etwa zehn Jahren gewesen sein, als ich einmal die Einfahrt nach Green Gulch hinunterfuhr und im Radio ein Interview mit Jerry Brown, der damals noch Gouverneur von Kalifornien war, hörte. Er sagte so etwas wie: »Ich bin einfach nur ein kleiner Pingpong-Ball oben auf einem Springbrunnen.« Können Sie sich einen Springbrunnen vorstellen, auf dessen Fontäne ein Pingpong-Ball hin und herhüpft? Ich dachte: »Das ist nicht schlecht. Es ist ein gutes Beispiel für das, was Buddha als Anhaften am Selbst lehrte.« Was der Gouverneur beschrieb, ist unserer Definition des Leidens ganz ähnlich. Den Pingpong-Ball brauchen wir nicht. Er ist Illusion. Das Leben ist einfach nur dieser Springbrunnen. Oben drauf gibt es keinen Pingpong-Ball. Wenn man einen Schnappschuß vom Scheitelpunkt des Springbrunnens machen würde, einfach nur die Wasserspritzer, die ganz oben sind ... das wäre ein Moment des Lebens. Es gibt keinen Pingpong-Ball, kein »Selbst« außerhalb des Fließens der fünf Skandhas.

Wir versuchen, diese Quelle zu erfassen. Das können wir nicht. Wir können sie stören, aber sobald wir sie ergreifen wollen, werden wir enttäuscht.

Die Menschen hegen also den tollkühnen Traum, etwas kontrollieren zu wollen, was außerhalb ihrer Kontrolle liegt. Dies ist die grundlegende Definition des Leidens, und eigentlich gibt es im Leben nur dieses eine Problem. *Upadana panca skandha dukkha.* Der Springbrunnen ist kein Problem. Erst wenn man ihn zu kontrollieren versucht, schafft man Probleme. Menschen sind nicht so gut darin, sich oder ihre Erfahrungen zu kontrollieren.

Damit hört das Problem aber noch lange nicht auf; es kommt noch schlimmer. Wir versuchen nämlich nicht nur, uns selbst zu kontrollieren, sondern auch andere; die befinden sich aber natürlich ebenfalls jenseits unserer Kontrolle. Jahrelang habe ich versucht, Zen-Schüler zu kontrollieren, in Gruppen von einem an aufwärts. Aber ich kann nicht drei von ihnen kontrollieren; ich kann noch nicht mal einen kontrollieren. Sie weigern sich. Deshalb habe ich das vor einigen Jahren aufgegeben.

Es gibt allerdings auch einiges, was wir ganz gut zustande bringen. Wir sind recht geübt im »Ordnen«. Ordnen ist nicht dasselbe wie Kontrolle ausüben. Ein Beispiel: den Schreibtisch aufräumen. Das hat nichts mit Kontrolle zu tun. Während Sie versuchen, den Schreibtisch aufzuräumen, klingelt vielleicht das Telefon, Ihre Kinder kommen rein und hängen sich an Sie, Sie werfen versehentlich eine Lampe um, und während Sie weiter aufräumen, vergessen Sie vielleicht, daß Sie es überhaupt tun wollten. Alles das kann passieren; diese Erfahrungen macht man, wenn man das Leben zu kontrollieren versucht. Wenn Sie aber Ihren Schreibtisch aufräumen wollen, so werden Sie das eines Tages schon schaffen. Dann können Sie ein Buch oder auch ein Stück Papier auf den Schreibtisch legen, und darauf finden Sie vielleicht die Worte: *Upadana panca skandha dukkha.* Schauen Sie einfach nur hin. Worum geht es in Ihrem Leben?

Ich bemühe mich sehr um Ordnung, aber ich versuche keine Energie darin zu investieren, Dinge zu kontrollieren. Wenn ich mich sehr um Ordnung bemühe, verstehe ich um so besser, daß Kontrolle Zeitverschwendung ist. Zum Beispiel: Jeden Morgen setze ich mich hier auf meinen Platz und versuche, einfach nur still zu sein. Ich versuche nicht, mich in das Stillsitzen hinein zu kontrollieren; ich versuche statt dessen, Stillsitzen als eine ordnende Aktivität zu betreiben. Mich in dieser Weise kontrollieren zu wollen wäre auch gar nicht möglich, denn ich kann nichts dafür tun, still zu sitzen. Die einzige Möglichkeit, still zu sitzen, ist, daß alles in diesem Universum mich still sitzen läßt. Wir alle zusammen haben mich absolut unter Kontrolle. Sie alle, zusammen mit allen anderen in diesem Universum, kontrollieren mich vollständig. Ich bin, was alle aus mir gemacht haben. Auf diese Art und Weise wird jeder von uns kontrolliert. Der gesamte Kosmos kontrolliert uns, aber als Individuen können wir überhaupt nichts kontrollieren.

Je stiller ich sitze, desto tiefer verstehe ich, daß ich niemals still sitzen werde. Ich verstehe aber auch mehr und mehr, daß ich schon immer, fortwährend, still sitze, indem alle Lebewesen mein stilles Sitzen in jedem Moment hervorbringen. In jedem Augenblick bin ich vollkommen still; nur die Art von Stille, die *ich* hervorbringen möchte, werde ich niemals verwirklichen. Indem ich mein Leben ordne, verstehe ich, daß Kontrolle ein sinnloses Unterfangen ist. Dieses Ordnen unterstützt und fördert aber auch meine Einsicht in das, was ich tun kann: Ich kann ich selbst sein. Von Augenblick zu Augenblick bin ich wie eine Quelle. Ich bin ein Moment spontaner Kreativität. Diese Kreativität habe ich niemals unter Kontrolle, aber ich bin der Schauplatz ihrer Aktivität – unverstellte, allumfassend verbundene Kreativität. Jeder von uns stellt einen solchen Schauplatz dar. Jeder ist eine Quelle des Universums. Jeder von uns ist der Fokus, an dem das Universum sich als lebendiger Ort erweist. Sobald ich mein Leben ordne, sehe ich die Quelle; vielmehr ich selbst bin sie (denn hier gibt es keine »Person« mehr, die eine Quelle betrachtet). Einfach nur eine Quelle sein – es gibt nur das Leben dieser Quelle; es gibt nur Leben. Niemand betrachtet das Leben; Leben schließt seine »Betrachter« mit ein.

Ich möchte Ihnen ein Beispiel dafür geben, wie man mit einem dieser Skandhas arbeiten kann. Nehmen wir das Aggregat der Form. Hier haben wir es mit psycho-physischen Abläufen zu tun. Buddhas erwachen inmitten solcher psycho-physischer Abläufe. Man könnte auch sagen, daß Buddhas in der Mitte der Verblendung erwachen. Illusionen werden durch psycho-physische Abläufe heraufbeschworen. Wir leben in Illusionen; wir erwachen inmitten von Illusionen. Wir erwachen nicht inmitten der Erleuchtung oder der Mitte des leeren Raums. Es ist Verblendung, in die, durch die und mit der wir erwachen. Nur so können wir erwachen; dort ist unser Zuhause; dort ist unsere Nahrung. In den fünf Skandhas, den fünf Aggregaten, können wir aufwachen.

Der Buddha zum Beispiel sagte: »Warum sprechen wir vom ›Körper‹? Wir werden berührt, deswegen sagen wir ›Körper‹.« Das also meint Buddha mit Körper. Der Körper ist kein Gegenstand. Irgendwann einmal sprach ich davon, daß »der Körper das ist, was berührt wird«, und jemand bemerkte, daß dies keine gute Formulierung sei. Es ist nicht so, als gäbe es da ein Ding, das berührt wird; es ist nicht der Körper, der Arme, Beine und einem Rumpf hat, der berührt wird. Das, was ich in Zeit und Raum bewege, ist nicht der »Körper« von dem der Buddha sprach. Das ist kein lebendiger Körper. Die Erfahrung des Berührtseins ist nicht körperlicher Natur. Sie ist eine Erfahrung unseres Vorstellungsvermögens, eine konzeptuelle Erfahrung.

Des öfteren verwechseln wir unseren Körper mit unseren Vorstellungen. Wir rennen Hügel hoch und runter, gehen schwimmen und anderes mehr, aber was wir da in Wirklichkeit tun, ist unsere Ideen und Konzepte in Situationen stellen, wir lassen unsere Vorstellungen arbeiten.

Wir hungern nicht etwa nach körperlichen Erfahrungen, weil wir keine hätten, sondern weil wir ihrer nicht gewahr sind.

Demnach haben wir ein Problem mit der Verwechslung unserer konzeptuellen Erfahrungen von Körper mit den eigentlichen körperlichen Erfahrungen. Arme und Beine sind Vorstellungen; sie sind keine körperlichen Wirklichkeiten. Objektiv betrachtet ist der Körper eine Zusammensetzung der vier großen Elemente. Subjektiv gesehen bedeutet Körperlichkeit »Berührtsein«. Tatsächlich ist der Körper das Feld, auf dem Berührung stattfindet.

Wie aber? Berührt durch Farben, Klänge, Gerüche und Geschmack. Berührt durch Hitze, berührt durch Kälte, berührt durch Druck, hart und sanft, rauh und weich … Das ist der Körper. Wenn Sie Ihren Körper entdecken wollen, dann beginnen Sie bitte damit, sich eine körperliche Erfahrung bewußt zu machen, die auch wirklich körperlich ist und nicht nur eine Vorstellung. Danach machen Sie sich Ihre konzeptuellen Erfahrungen bewußt, und zuletzt versuchen Sie bitte, zwischen beiden genau zu unterscheiden.

Können Sie sich vorstellen, in dieser Welt auf der Grundlage Ihres körperlichen Berührtseins zu leben und nicht mehr, indem Sie Konzepte wie »Arme« und »Beine« in Raum und Zeit umsetzen? Können Sie sich vorstellen, Ihre Orientierung so zu verändern, daß Sie aus dem Berührtsein heraus leben?

Sobald es an der Zeit ist, sich zu bewegen, habe ich vielleicht Angst davor, Körper-Konzepte hinter mir zu lassen. Möglicherweise überlege ich mir: »Wie werde ich die Treppe runterkommen?« »Wie kommt jetzt das Essen in meinen Mund?« Machen Sie sich keine Sorgen. All diese Körper-Konzepte werden weiterhin auftauchen – Vorstellungen von Löffeln, Händen, Müsli, Mund, Abstand zwischen Mund und Löffel. Ich werde also auch weiterhin essen und laufen können. Aber können wir unsere Perspektive dahingehend verschieben, daß wir herausfinden, wie es ist, mit unserem ganzen Körper zu leben?

Diesen Perspektivwechsel können wir unterstützen, indem wir unser Leben ordnen. Ein Beispiel: Ich entscheide mich, in den nächsten zehn Minuten hier einfach nur zu sitzen; oder ich werde die nächsten zehn Minuten ganz langsam gehen und nicht irgend etwas wirklich Schwieriges tun. Ich werde mich in eine sichere Situation begeben und versuchen herauszufinden, was der Buddha meinte, als er davon sprach, daß der Körper »Berührtsein« bedeutet. Auf diese Weise sind wir in der Lage, unser Leben zu ordnen und Zeit und Raum zum Studium aller fünf Skandhas zu schaffen. Wir können fünf oder zehn Minuten damit verbringen, uns zu fragen: »Welche Gefühle tauchen hier auf? Fühle ich etwas Lustvolles oder etwas Schmerzhaftes?«

Wir müssen unser Leben ordnen, damit wir auch wirklich die Elemente unserer Erfahrung untersuchen können. »Buddha sein« bedeutet in der Mitte der Verblendung ganz und gar aufwachen, wach werden im Tanz dieser fünf Prozesse. Hier noch ein Beispiel, wie dies aussehen könnte, ein Beispiel für ein kleines Erwachen:

Eine Freundin meiner Tochter verbrachte die Nacht bei uns. Als am nächsten Tag ihre Mutter kam, setzte sie sich auf deren Schoß. Meine Tochter glaubte, daß ihre Freundin sie absichtlich ausschließen wolle, indem sie Zuneigung gegenüber ihrer Mutter ausdrückte. Nachdem die Freundin gegangen war, ging meine Tochter zu ihrer eigenen Mutter und erzählte ihr, daß sie sich ausgeschlossen gefühlt hatte. Danach setzte sie sich auf meinen Schoß, worauf ihre Mutter sagte: »Willst du mich absichtlich ausschließen?« »Nein«, sagte sie, »ich umarme nur meinen Papa.« Da verstand meine Tochter plötzlich, daß man liebevoll zu Mutter oder Vater sein kann, ohne gleich andere aus seiner Zuneigung auszuschließen. Sie sagte: »Nun gut, ich gebe meiner Freundin noch eine Chance. Sie hat noch einen Tag; ich werde sie beobachten.«

Am nächsten Tag, in der Schule, beobachtete sie ihre Freundin die ganze Zeit. Als sie nach Hause kam, sagte sie: »Ich bemerkte, daß ich auf sie böse wurde wegen der Art und Weise, in der ich über sie nachdachte. *Wie* ich über sie dachte, hat mich böse gemacht.«

Das ist ein Beispiel für eine kleine Einsicht, ein kleines Erwachen, das sich ereignen kann, wenn man seinen Blick umkehrt und die eigenen Gefühle, Vorstellungen und so weiter betrachtet; schauen Sie sich an, wie diese funktionieren, was sie tun. Es ist kinderleicht, Sie müssen Ihr Leben einfach nur mit einer gewissen Absicht ordnen, wie zum Beispiel: »Nun gut, ich gebe ihr noch eine Chance. Ich werde sie morgen beobachten.« Das ist eine ordnende Haltung.

Wir können unsere Leben ordnen, damit wir uns selbst zu betrachten vermögen. Wir können zu verstehen lernen, wie unsere Frustrationen daher rühren, daß wir uns an die nicht festzuhaltende, unkontrollierbare Aktivität unseres Lebens klammern wollen. Es gibt keinerlei Enttäuschung, wenn wir einfach nur diese spontane, unkontrollierbare Aktivität *sind.* Dann versuchen wir nicht mehr, andere Lebewesen zu kontrollieren, und wir fügen ihnen kein Leid zu.

Dies ist die uralte Lehre Shakyamuni Buddhas, einfach nur da zu sein. Von dort aus können wir uns vorwärts bewegen zum Nutzen aller Lebewesen.

Einfach-nur-sitzen

Die Lehre der Soheit wurde uns in ihrer ganzen Tiefe durch die Buddhas und Dharmavorfahren übermittelt. Die Bedeutung der Praxis der Soheit findet sich nicht in Worten, und doch reagiert sie auf unsere Energie, reagiert auf unser Bemühen. Soheit tritt hervor und trifft uns. Wir sitzen hier, und sie kommt uns im Gesang der Eichelhäher, im Gesang des Bachs entgegen, weil wir gekommen sind und zuhören. Dies ist unsere Praxis des Sitzens, einfach-nur-sitzen. Diese Praxis ist eine objektlose Meditation, eine »nahtlose« Meditation. Sie ist ohne Form, ohne Anfang, ohne Ende, und sie durchdringt alles ganz und gar. Praxis hinterläßt keine Spuren, und wenn ich sie aufspüren will, ist es nicht so, daß ich sie finde, sondern daß sie großzügig und mitfühlend meinem Nachspüren antwortet, meinem Sprechen und Ihrem Zuhören.

Shakyamuni Buddha hat die Lehre der Soheit mit folgenden Worten übermittelt:

> Bitte übt euch wie folgt: Im Sehen gibt es nur Sehen. Im Hören gibt es nur Hören. Im Fühlen gibt es nur Fühlen. Im Denken gibt es nur Denken. Wenn es für euch im Sehen nur Sehen, im Hören nur Hören, im Fühlen nur Fühlen, im Denken nur Denken gibt, dann werdet ihr euch mit dem Sehen und so weiter nicht identifizieren. Und wenn ihr euch mit diesem nicht identifiziert, dann werdet ihr nicht darin verwickelt werden. Und wenn ihr nicht darin verwickelt werdet, dann seid ihr darin nicht aufzufinden. Wenn

ihr darin nicht aufzufinden seid, dann gibt es kein
Hier, kein Dort, kein Dazwischen. Und das wird das
Ende des Leidens sein.

Das ist objektlose Meditation. Es ist nahtlose Meditation. Es
gibt keine Naht zwischen Ihnen und dem Hören; da ist nur
Hören. Keine Naht; nur Hören und Sehen und das Vorgestell-
te. Das bedeutet kein Objekt des Denkens haben.

Shakyamuni Buddha sagte auch: »Wenn ihr die fünf Skandhas ergreift, wenn ihr Farben und Geräusche ergreift oder wenn
diese euch ergreifen, das ist Leiden.« Empfindungen ergreifen,
Wahrnehmungen ergreifen, Gefühle ergreifen, das Bewußtsein
ergreifen, ergreifen oder von diesen Phänomenen ergriffen zu
werden, das ist Unglück. Wenn wir diese Phänomene aber nicht
ergreifen, wenn es keine Naht zwischen ihnen und uns gibt,
dann sind dieselben Skandhas, sind dieselben Farben und Klänge große Glückseligkeit. In dieser Lehre des Buddha können wir
die Wurzeln der objektlosen Meditation des Zen finden.

Der Dharmavorfahre Chayata sagte einmal zu Vasubandhu:

> Weder suche ich Erleuchtung, noch bin ich verblen-
> det. Weder huldige ich dem Buddha, noch bin ich
> respektlos. Ich sitze nicht über lange Zeiträume, bin
> aber auch nicht faul. Ich esse nicht nur einmal am
> Tag, bin aber auch kein Vielfraß. Ich bin weder zu-
> frieden noch gierig. Wenn der Geist nicht mehr
> sucht, nennt man dies den Weg.

Dies hörend, erkannte Vasubandhu das reine Wissen. Dies
hörend. Jetzt sind diese Worte verschwunden. Worum ging es?
Können Sie den Geist der Erleuchtung in diesen Worten hören?
Riechen und schmecken Sie den Geist der Erleuchtung in ihnen? Klingt es bekannt? Klingt es wie ein vertrautes Kinderlied?

Nachdem Vasubandhu das reine Wissen erkannt hatte, unterwies er seinen Nachfolger Manorata Daiosho. Und Manorata fragte Vasubandhu: »Was ist die Erleuchtung des Buddha?« Vasubandhu antwortete: »Es ist die ursprüngliche Natur des Geistes.« Manorata fragte: »Was ist die ursprüngliche Natur des Geistes?« Vasubandhu erwiderte: »Die Leerheit der Sinnesorgane, des Sinnesbewußtseins und der Sinnesfelder.« Dies hörend, erwachte Manorata. Was hören Sie?

Die Erkenntnis von Konzepten, Vorstellungen, als einzigem Inhalt unseres Bewußtseins, ist die Wirklichkeit, die Lehre, die Erleuchtung der Heiligen. Die Art und Weise des Buddha ist es, den Geist in den Vorstellungen ruhen zu lassen. Vasubandhu widerspricht nicht der Vorstellung einer Wahrnehmungserfahrung, in der es keinen Ich-Begriff, kein Anhaften am Selbst gibt. Nur ist uns dieser Bereich in unserem alltäglichen Leben unbekannt. Der Bereich unserer alltäglichen Erfahrungen, in dem wir die Dinge genau kennen, besteht aus Vorstellungen, aus Konzepten. Was wir in der Praxis des Sitzens, in der Wahrnehmung von Körper und Atem als *Wissen* erkennen können, ist eine Vorstellung oder eine faszinierende Aneinanderreihung von Konzepten über den Körper. Wenn Ihr Geist einfach nur in den Vorstellungen vom Körper ruht, haben Sie Ihre Arbeit getan. Es gibt direkte oder unmittelbare körperliche Erfahrung, und es sind genau diese unmittelbaren körperlichen Erfahrungen, aus denen die konzeptuellen Erfahrungen des Körpers hervorgehen. Einfach-nur-sitzen ist einfach-nur der Geist, der in der Vorstellung des Sitzens ruht, in der Vorstellung eines Körpers, eines Geistes, eines Atems, der sitzt.

Ich habe die Bedeutung des Wortes *just* im Wörterbuch nachgeschlagen.[1] Im Begriff *shikantaza* wird *shikan* manchmal

---

1   *Shikantaza*, der japanische Begriff für die objektlose Meditation der Zen-Schule, im Deutschen oftmals mit »einfach nur sitzen« übersetzt, wird ins Englische als »just sitting« übertragen. Im Folgenden assoziiert Tenshin Reb Anderson die vielfältigen Deutungsmöglichkeiten des englischen Wortes »just«, die so im Deutschen »einfach nur« nicht gegeben sind. Zum besseren Verständnis habe ich da, wo mir dies sinnvoll erschien, den englischen Begriff beibehalten. (Anm. d. Ü.)

mit »einfach« oder »nur« übersetzt.[2] *Ta* bedeutet »treffen« und
za »sitzen«. Wörtlich bedeutet es also »trefflich sitzen«, aber *ta*
verstärkt eigentlich nur das »Sitzen«. Es heißt also »Sitzen«. *Shi-kan* bedeutet »einfach«, aber es heißt auch »unter allen Umständen« oder »mach schon«. Ins Englische wird es mit *just* oder
auch *only* übersetzt[3]; und obwohl dies nicht unbedingt der ursprünglichen chinesischen Bedeutung entspricht, ist das englische *just* irgendwie ein wunderbares Wort. Als Adjektiv bedeutet *just* ehrenhaft, gerecht, so wie in »gerecht in seinen
Handlungen«. Es bedeutet, im Einklang zu sein mit dem, was
moralisch rechtens, unvoreingenommen und gerecht ist. Es bedeutet, berechtigt zu sein oder etwas verdient zu haben, zum
Beispiel ein Dessert. Just Desserts[4] hielt auf der Green-Gulch-Farm ein Seminar ab – »just desserts«, einfach-nur-ein-Dessert,
ist also die angemessene »Vergeltung« für bestimmte Handlungen, und es ist eine ehrenwerte Süßigkeit nach dem Essen. Die
Leute von Just Desserts haben in zweifacher Hinsicht einen guten Ruf: Zum einen wegen ihrer wohlschmeckenden Desserts,
und zum anderen haben sie einen guten Ruf, weil sie sich sehr
unvoreingenommen verhalten. Mit ihrer Begeisterung und Energie haben sie uns auf Green-Gulch-Farm stark beeindruckt.
Ihr Sitzen ist irgendwie einfach-nur-ein-Dessert.

Just bedeutet auch, in aller Form rechtens, gesetzmäßig zu
sein. Es bedeutet, passend und genau zu sein. Es bedeutet
vernünftig und wohl begründet. Es bedeutet richtig, sorgfältig.
Es bedeutet, aufrecht vor Gott, gerecht, rechtschaffen vor der
Wahrheit zu sein.

Leben Sie einfach-nur. Einfach-nur Vorstellung, einfach-nur
sitzen, einfach-nur das Hören im Gehörten, einfach-nur das Sehen im Gesehenen. Aufrechtes Hören, gerechtes Hören, richti-

---

2   Im englischen Original »just« und »only« (A. d. Ü.)
3   Einfach, nur (A.d. Ü.)
4   Bekannte Kaffeehaus-Kette aus San Francisco (A. d. Ü.)

ges Hören, sorgfältiges Hören, wohl-begründetes Hören, Hören in Übereinstimmung mit dem Gesetz, ehrenhaftes Hören. »Einfach« ist ein großes Wort im Buddhismus. Man findet es überall, überall einfach nur genau und richtig passend zu dem, was sich ereignet. Das ist unser Sitzen, genau und richtig in sich selbst verwurzelt.

Eine Freundin von mir wartete an der Fillmore Street in San Francisco auf einen Bus, und mit ihr wartete auch ein alter Mann, ein alter schwarzer Mann. Meine Freundin begann eine Unterhaltung mit ihm, und er sagte ihr, daß er hundert Jahre alt sei. Natürlich fragte sie ihn: »Wie sind Sie denn so alt geworden?« Er zitierte die Bibel: »Nichts werde ich dir vorenthalten, wenn du aufrecht stehst vor deinem Gott.«

Sie tun Ihren Teil. Sie steuern das Einfach-nur-Sitzen bei. Das ist Ihre Aufgabe. Sie sitzen einfach. Das ist Ihre Energie, einfach nur die eigene Energie sein; präzise, richtig, aufrecht, ehrenhaft Sie selbst, die eigene Erfahrung sein. Und Sie werden eine Antwort bekommen, die man Erleuchtung nennt. Sie ist schon da, sie hat Sie schon ganz und gar durchdrungen. Sie müssen nur ein klein wenig Energie vorlegen, um sie zu erhalten. Aber es geht nicht wirklich um ein wenig Energie oder viel Energie, sondern einfach nur um die Energie dieses Augenblicks. Darum brauchen wir nichts als das, was wir schon haben. Wir müssen nicht mehr oder weniger wach sein. Brauchen nicht mehr oder weniger Nahrung als die, die wir schon haben. Wir brauchen einfach nur, was einfach nur ist. Dies ist unser aufrechtes und gerechtes Selbst, über das wir genau hier verfügen. Wir sollten es feiern, wir sollten für es da sein.

Was ich hier sage, soll Sie nur an das erinnern, was Sie schon wissen, was Sie schon anstreben. Ich werde Sie also erinnern, vor allem aber werde ich Sie einfach nur ausrichten. Das ist alles. Das ist alles, was ich tun kann. Ich korrigiere Sie nicht, ich justiere Sie. Natürlich kann ich Sie nicht wirklich ausrichten; Sie sitzen schon alle richtig, aber manchmal empfinde ich vielleicht, daß Sie etwas »gerichteter« sein könnten, wenn Sie eher auf diese Art als auf jene säßen. Wenn ich Ihr Mudra, die Haltung Ihrer Hände, sehe, denke ich vielleicht: »Es wäre vielleicht so etwas richtiger.« Natürlich ist es schon ganz richtig, wie Sie es tun, trotzdem werde ich Sie etwas ausrichten. Das sind einfach nur meine ästhetischen Ansichten. Es ist einfach nur meine persönliche Ausrichtung für Sie.

Ich versuche mich von jedem Urteil freizuhalten. Ich justiere einfach nur. Und dann liegt es an Ihnen, nicht darüber nachzudenken, ob das jetzt richtig ist, sondern eher zu spüren, ob Sie sich nach der Ausrichtung gerichteter vorkommen. Anfangs kommen Sie sich vielleicht so vor: »Mein Gott, das ist verrückt. Ich fühle mich irgendwie daneben. Ich dachte, ich würde gerade sitzen, und jetzt komme ich mir irgendwie schräg vor.« Aber vielleicht findet sich in diesem Zweifel, den Sie nach einer Ausrichtung der Haltung oder nach einer verbalen Ausrichtung empfinden, in der Umorientierung, die Sie an diesem Punkt erfahren (obschon es eine Überraschung sein mag und Sie sich vielleicht einfach nur fragen, was los ist), etwas, das Sie an das erinnert, was Sie schon über Buddhas Weg gehört haben? »Weder suche ich Erleuchtung, noch bin ich verblendet.« Ich bin weder im Recht noch im Unrecht. Ich bin an einem Ort jenseits des Hörens und Sehens. Wenn Sie also an einem Ort waren, an dem es Hören und Sehen gibt, und Sie werden dann irgendwohin ausgerichtet, wo es kein Hören und Sehen gibt, dann werden Sie für eine Weile orientierungslos sein. Plötzlich leben Sie an einem Ort, wo Sie nichts mehr erfassen können.

Wenn Sie einfach-nur-sitzen, werden Sie nichts mehr erfassen können, weil Sie einfach nur sitzen. Sie sitzen nicht und erfassen etwas. Sie sitzen einfach nur; allen Ernstes machen Sie einfach nur das. Wenn Sie dieses Etwas verlieren, das Ihnen Orientierung gegeben haben mag – darüber, hier zu sein oder dort oder dazwischen –, werden Sie sich anfangs vielleicht fragen, was passiert. Aber vielleicht vertrauen Sie diesem neuen

Raum, diesem Raum, in dem man nicht genau weiß, was geschieht. Vertrauen Sie ihm bitte zumindest für eine kurze Zeit.

Für Bodhidharma war es genauso. Er hatte keine spezielle Unterweisung für seinen Schüler Huike. Er sagte nur: »Draußen keine Verwicklungen.« Das ist es! Keine Verwicklungen. »Drinnen kein Seufzen und Husten. Mit dem Geist wie eine Wand, so begibst du dich auf den Weg.« Mit dem Geist wie eine Wand. Mit anderen Worten: einfach-nur. Einfach-nur Ihr Geist, oder: Ihr Geist einfach so. So begeben Sie sich auf den Weg.

Bodhidharma sagte nicht viel, aber seine Worte sind eine Unterweisung für ein ganzes Leben, genau das. Das ist alles, was Sie brauchen: »Draußen keine Verwicklungen. Drinnen kein Seufzen und Husten.« Kein Seufzen, kein Zurückschrecken vor dem, was einfach-nur ist. Drinnen kein Armes Lieschen sein: »Ich kann das nicht erfüllen, das ist zu viel für mich! Das ist alles zu schnell, zu intensiv, zu brenzlig!« Nichts davon! Auch kein Höhnen und Stöhnen, wie: »Das ist nichts für mich. Ich hab Besseres zu tun, als so zu denken. Es gibt beeindruckendere Vögel als Eichelhäher, denen man zuhören kann. Spechte sind ganz anders; die sind wirklich interessant.« Kein Husten im Bewußtsein und auch kein Zurückweichen. Versuchen Sie nichts loszuwerden, schrecken Sie vor nichts zurück. Lassen Sie drinnen einfach alles nur so, wie es ist. Lassen Sie Ihre Erfahrungen sein wie eine Wand.

Nun möchte ich noch etwas über die Praxis des *oryoki*[5] sagen. Wenn Sie sich vorlehnen, um Ihre Schalen auszuwaschen, ist es nicht allzu vorteilhaft, groß zu sein. Jemand, der sehr groß ist, ist recht weit von seinen Schalen entfernt. Wenn Sie groß sind und eine Brille tragen, sie aber gerade nicht aufhaben, können Sie Ihre Schalen da unten noch nicht mal richtig sehen, oder? Deshalb wollen Sie mit Ihren eigenen Augen nach-

5   Formelles Essen in der Meditationshalle. (A. d. Ü.)

schauen: »Was geht da unten eigentlich vor sich? Da gibt's ein paar Schalen und Essen und alle möglichen anderen Sachen!« Es ist in Ordnung, wenn Sie Ihren Kopf da unten mal reinstecken wollen; aber halten Sie Ihren Rücken gerade. Wenn Sie sich nach vorne beugen, beugen Sie sich bitte mit einem geraden Rücken. Machen Sie keinen Buckel. Es ist eine weitere dieser einfach-nur-Geschichten. Mit anderen Worten: Seien Sie sich Ihres Rückens bewußt. Das macht einen großen Unterschied und ist zudem auch eine gute Übung für Ihren Rücken. Die meisten dieser Geschichten sind zugleich gute Übungen.

Versuchen Sie bitte auch nicht, sich mit den Ellbogen abzustützen, um aufrecht zu bleiben. Gebrauchen Sie Ihr Rückgrat. Sich auf die Ellbogen zu lehnen ist sicher ganz gemütlich, das ist wahr. »Nun, hier bin ich also und beschäftige mich mit meinen Schalen, und was gibt's da überhaupt für ein Problem?« Es ist auch nicht wirklich schlecht, dies zu tun. Aber ein gerader Rücken ist sehr präzise. Man ist gegenwärtiger. Wenn Sie Ihren Rücken krumm machen, werden Sie unkonzentriert. Sie wissen nicht mehr genau, was passiert. Sie können sich ganz tief runterbeugen, ohne es wirklich zu bemerken. Diese kleinen Sachen, wie den Rücken gerade zu halten, pünktlich zu sein, haben auch mit Aufrichtigkeit und Soheit[6] zu tun.

Von George Herbert gibt es ein Gedicht mit dem Titel »Die Liebe«, das, so finde ich, von Aufrichtigkeit handelt. Es geht darin um unsere Unsicherheit, um unseren Mangel an Vertrauen darauf, wirklich einfach-nur sein zu können – in allen möglichen Bedeutungen des englischen Wortes *just*.

> Liebe hieß mich willkommen; doch meine Seele floh
>   in Schuld durch Staub und Sünde.
> Die scharfäugige Liebe jedoch erblickte meine Not.
> Kaum trat ich ein,

---

6   »justness« im englischen Original. (A. d. Ü.)

Da zog sie mich heran; mit süßer Stimme frug sie,
was mein Mangel sei.
»Ein Gast«, sprach ich, »der wert ist hier zu sein.«
Darauf sie: »Der Gast seid Ihr.«
»Ich, herzlos, undankbar? Vor Scham muß ich
die Augen senken.«
Die Liebe nahm mich bei der Hand, und lächelnd
sagte sie:
»Wer macht die Augen, wenn nicht ich?«
»Ihr sagt's, Oh Herr, doch hab ich sie beschmutzt:
Laßt mich in meine Schande sinken,
so wie ich es verdient.«
»So weißt du nicht«, sprach Liebe, »wer die Sünd'
erträgt?«
»Der Liebe will ich fortan dienen«
»Nehmt Platz«, sprach sie, »und kostet meine Speise.«
Da setzt' ich mich und aß.

Teil 2

UNTERWEISUNGEN FÜR DAS LEBEN

Die Bodhisattva-Gelübde

Zuflucht

Ich nehme Zuflucht zum Buddha.
Ich nehme Zuflucht zum Dharma.
Ich nehme Zuflucht zur Sangha.

Die Reinen Gelübde

Ich gelobe, rechte Führung anzunehmen und zu
bewahren.
Ich gelobe, das Gute anzunehmen und zu bewahren.
Ich gelobe, alle Lebewesen anzunehmen und zu
bewahren.

Die Fundamentalen Gelübde

Ein Schüler Buddhas tötet nicht.
Ein Schüler Buddhas nimmt nichts, was nicht
gegeben wurde.
Ein Schüler Buddhas mißbraucht Sexualität nicht.
Ein Schüler Buddhas lügt nicht.
Ein Schüler Buddhas betäubt weder den eigenen Geist
noch den Geist anderer.
Ein Schüler Buddhas macht andere nicht schlecht.
Ein Schüler Buddhas lobt sich nicht auf Kosten anderer.
Ein Schüler Buddhas haftet an nichts, nicht einmal
am Dharma.
Ein Schüler Buddhas hegt keine bösen Absichten.
Ein Schüler Buddhas mißbraucht die Drei Schätze nicht.

Vom Sprechen
des Ungesprochenen

Kurz bevor Dogen Zenji starb, sprach er mit seinem engsten Schüler Tettsu Gikai über die Übertragung der Bodhisattva-Gelübde. Er sagte: »Bitte komm näher.« Und Gikai stellte sich an die rechte Seite des Bettes, beugte sich über die Kante und hörte zu. Dogen Zenji sagte: »In dieser gegenwärtigen Lebensspanne gibt es zehn Millionen Dinge, das Buddhadharma des Tathagata betreffend, die ich nicht verstehe. Wie dem auch sei, ich kann mich dem Buddhadharma gegenüber glücklich schätzen, niemals böse Gedanken gehegt zu haben. Dem wahren Dharma gegenüber habe ich rechten Glauben. Nur diese grundlegende Entschlossenheit habe ich gelehrt, nichts sonst. Dies solltest du verstehen.«

Ich möchte heute über mein persönliches Bemühen um diese grundlegende Entschlossenheit, die die Buddhas lehren, sprechen. Ich könnte damit anfangen, daß ich mit acht Jahren, ganz allein in meinem Zimmer sitzend, aus dem Fenster schaute und auf einmal ein Klingeln in meinen Ohren hörte. Ich wußte nicht, was das sein könnte und dachte: »Ist das mein Gewissen? Irgend etwas muß mit mir los sein.« Einige Jahre später entschied ich mich dafür, das zu tun, was mir die meiste Achtung in meinem sozialen Umfeld einbringen würde – und für einen Zwölfjährigen hieß dies natürlich, so wild und zügellos wie nur möglich zu sein. Von meinen Freunden erhielt ich große Anerkennung dafür, ein Halbstarker zu sein. Immer wenn ich etwas Ungezogenes tat, wurden sie ganz aufgeregt und lobten mich. In meiner Schule wurde ich zum Helden, weil ich Unruhe stiftete.

Dann traf ich einen Mann, einen großen, starken Mann, der bemerkte, was ich tat. Er liebte mich und erzählte mir, daß er, als er jung war, genauso einer gewesen wäre wie ich. Er schaute mich an und sagte: »Weißt du, eigentlich ist es ganz einfach, böse zu sein; was wirklich schwierig ist, daß ist, gut zu sein.« »Er weiß Bescheid«, dachte ich. So entschied mich damals für den Versuch, gut zu sein.

Aber ich hatte eine Menge Probleme zu dieser Zeit. Ich litt und sorgte mich um unwichtige Dinge, zum Beispiel wie ich aussah, ob Leute mich mochten oder nicht und wie angesehen ich in der Schule war. Ich begriff, daß meine Probleme von mir abfallen würden, wenn ich nur irgendwie freundlich zu allen Menschen sein könnte. Noch einmal traf ich eine Entscheidung, so ehrlich ich dies nur konnte: Ich wollte versuchen, jedem gegenüber freundlich zu sein. Diese Entscheidung traf ich zu Hause, in der Stille meines eigenen Zimmers, und sobald ich zur Schule ging, vergaß ich sie jedesmal.

Einige Jahre lang setzte ich mein Vergessen fort, aber irgendwann in dieser Zeit las ich ein paar Geschichten über Zen-Mönche. Ich lernte etwas darüber, wie sie ihr Leben führten. Ich las von Hakuin Zenji und Ryokan und erinnerte mich wieder an meinen Kindheitsschwur. Als ich sah, wie diese Männer lebten, sagte ich mir: »So will ich sein. Auf diese Art und Weise kann ich all meine Probleme mit Menschen loswerden.«

Ich wollte so wie diese Zen-Mönche sein, aber ich hatte keine Ahnung, wie. Ich las weiter und fand nach und nach heraus, daß all diese Menschen eine bestimmte Praxis miteinander teilten. Ich dachte: »Vielleicht sind sie nicht einfach nur rein zufällig so gut. Möglicherweise haben sie irgendwelche Übungen, die diese Art von Mitgefühl fördern.« Und ich fand heraus, daß das, was sie miteinander taten, Sitzen war. So fing ich zu sitzen an.

Je mehr ich saß und studierte, desto wunderbarer fand ich dieses Sitzen. Je mehr Unterweisungen ich erhielt, desto dankbarer wurde ich dafür, dieses Sitzen gefunden zu haben – so einfach, so erfüllend, so wirksam und so vollkommen.

Ich praktizierte also einige Jahre lang das Sitzen und hatte große Freude daran. Aber, um Ihnen die Wahrheit zu sagen, irgendwie vergaß ich meine ursprüngliche Absicht: ein mitfühlender Mensch zu sein, ein guter Mensch. Dies vergaß ich und widmete mich einfach nur dem Sitzen. Außerdem, um Ihnen auch hier die Wahrheit zu sagen, hörte ich nicht viele Unterweisungen darüber, wie man Gutes tut und Mitgefühl praktiziert. Ich hörte nichts darüber in dem Zen-Zentrum, in dem ich praktizierte, und ich hörte auch von Leuten in anderen Zen-Zentren nichts darüber. Aber das schien kein Problem zu sein, denn das Sitzen selbst war so allumfassend und wunderbar.

Damals legte man in der Praxis großes Gewicht auf die Entwicklung von Weisheit und Einsicht. Man betonte in dieser Zeit vor allem die Grundlage eines Sitzens ohne Gewinn, zeichenlose Praxis, ohne Entwicklung, ohne Zuwachs und letztendlich außerhalb des Denkens. Ich bewunderte all diese Hinweise und Instruktionen über das Wesen der Sitzpraxis absolut. Mir kam nicht einmal der Gedanke, daß die Leute – vor allem ich selbst – nicht verstanden, was damit gemeint war.

Dann, nachdem ich ungefähr sechzehn Jahre lang praktiziert hatte, erhielt ich, was wir *shiho*, oder *Übertragung des Dharma* nennen. Da las ich ganz unten auf dem Dokument, das *kechimyaku* oder *Kreislauf der Gelübde* (diejenigen von Ihnen, die als Laien oder Priester in der Soto-Schule ordiniert sind, haben dies vielleicht auch schon gelesen) genannt wird: »Dem Lehrer Myozan wurde eröffnet und versichert, daß der Kreislauf der Gelübde die einzige Möglichkeit zum Eintritt in das Tor des Zen darstellt.« Der Erhalt der Bodhisattva-Gelübde ist alleiniger Grund und Ursache des Zen-Tores.

Ich war etwas überrascht; dies war während meiner sechzehnjährigen Praxis niemals hervorgehoben worden. Ich verstehe seitdem, daß das Tor zu dieser zeichenlosen, entwicklungslosen, gegenstandslosen, ziellosen, wunderbaren Praxis des Sitzens die Bodhisattva-Gelübde sind. Ich fragte mich, warum ich das nicht vorher schon gehört hatte.

Mehr und mehr verstehe ich, daß die Zen-Lehren, daß Dogens Lehre die zentrale Bedeutung der Gelübde bestätigen. Direkt vor seinem Tod, sagte Dogen zu Gikai: »Die wichtigste Voraussetzung unserer Lehre liegt in der Weitergabe der Gelübde.«

Ich habe gehört, daß es in anderen buddhistischen Traditionen, zum Beispiel im Theravada, ähnliche Strukturen gibt. Der Theravada-Lehrer Ajahn Chah sagte, daß Buddhadharma *dana*, Geben, *sila*, Gelübde und *bhavana*, Pflege oder Meditationspraxis, sei. Aber wenn Menschen aus dem Westen zur Praxis finden, dann interessieren sie sich nicht für *dana* und *sila*. Alles, was sie tun wollen, ist *bhavana*, Meditationspraxis.

Ich glaube, Zen hat in Nordamerika diese Entwicklung durchlaufen, und mein Leben zeigt in gewisser Weise, daß viele von uns sofort mit dem Sitzen anfingen. Wir waren vor allem an dieser grundlegenden Praxis der Zen-Schule interessiert. Wir beschäftigten uns nicht ausdrücklich oder bewußt mit den Lehren des Gebens und der Ethik, den ersten beiden Paramitas. Dadurch, daß wir uns diesen wichtigen Praktiken nicht geöffnet haben, glaube ich, ist unser Verständnis – oder mein Verständnis – der grundlegenden Absicht des Sitzens vielleicht nicht ganz so korrekt gewesen.

Im Zen finden sich viele Sätze, in denen vorausgesetzt wird, daß wir um die grundlegende Bedeutung des Kreislaufs der Gelübde wissen. Meister Rujing zum Beispiel sagte: »Wir brauchen weder Schriften zu rezitieren noch Weihrauch abzubrennen, noch unser Karma zu bekennen und so weiter. Allein das Sitzen ist wichtig.« Und Dogen Zenji lehrte Zazen als den direkten Weg der richtigen Übertragung des wahren Dharma. Zazen sei, so führte er aus, alles, was der Buddha lehrte, Zazen beinhalte die Praxis der Gelübde. Die Meister sagten aber nicht, daß wir nicht auch unser Karma bekennen und die Gelübde praktizieren sollten. Sie wollen uns nur zeigen, was diese Übungen wirklich beinhalten.

Eine der Besonderheiten und, wie ich finde, der Schönheiten des Zen, speziell des Zen, wie es von Dogen Zenji gelehrt wurde, ist, daß es die unverfälschte, wahre und grundlegende Lehre so vollkommen darstellt. Aber es gibt auch eine »vorläufige« Lehre. Wenn Menschen mit dieser vorläufigen Lehre nicht bekannt gemacht werden, besteht die Gefahr, daß sie die grundlegende und wahre Lehre mißverstehen. Einige Zen-Schüler denken: »Gelübde sind nicht so wichtig.« Sogar einige Zen-Gelehrte meinen, die Gelübde seien die schwächeren Brüder der buddhistischen Praktiken; die wahren buddhistischen Praktiken seien Meditation und Einsicht, und die Gelübde seien von daher nicht so wichtig. Warum glauben sie das? Zum Teil, weil sie in der publizierten Literatur nicht sehr viel über die Gelübde finden.

Vor einigen Jahren lehrte der tibetische Lehrer Tara Tulku am Zen-Zentrum, und er fragte mich: »Was ist das Objekt Ihrer Meditation?« Etwas verlegen sagte ich: »Nun, wir haben kein Objekt; wir praktizieren gegenstandslose Meditation.« Er erwiderte: »Oh, im Vajrayana haben wir diese gegenstandslose Meditation auch, aber es ist die am weitesten fortgeschrittene. Normalerweise praktiziert man viele Jahre, bevor man sich mit gegenstandsloser Meditation beschäftigt.«

Er fragte mich auch: »Welche Stufen gibt es in Ihrer Ausbildung?« »Nun«, sagte ich, »irgendwie versuchen wir, nicht einem Stufendenken zu verfallen. Das ist Teil unserer Tradition.« Ich erzählte ihm die Geschichte von Seigen Gyoshi, der zu Hui-neng ging und fragte: »Wie kann ich es vermeiden, in Abfolgen und Stufen zu denken?« Und Hui-neng sagte: »Was hast du bisher geübt?« Seigen antwortete: »Ich habe noch nicht mal die Vier Edlen Wahrheiten praktiziert.« (Das heißt, er hatte noch nicht einmal mit dem Üben angefangen.) Daraufhin sagte Hui-neng: »Also, auf welcher Stufe befindest du dich dann?« Und Seigen antwortete: »Wie kann ich mich auf irgendeiner Stufe befinden, wenn ich noch nicht einmal die Vier Edlen Wahrheiten praktiziere?«

Tara Tulku sagte: »Das ist ja wirklich schon sehr fortgeschritten, daran zu arbeiten, nicht an den verschiedenen Stufen der Meditation zu haften.« Wieder einmal dachte ich, wie klug und rein Zen doch sei. Dann sagte er: »Nun, ich sprach mit einigen Ihrer Schüler, und es gibt bestimmte Dinge im Mahayana-Buddhismus, die sie nicht zu kennen scheinen.« Während dieser Lehrer am Zen-Zentrum war, kamen viele Leute zu mir und erkundigten sich nach verschiedenen Übungen: »Wieso tun wir dies nicht, wieso tun wir jenes nicht?« In Wahrheit taten wir alles, wonach sie fragten, sie hatten es nur noch nicht bemerkt. So sagten sie zum Beispiel: »Warum bringen wir den Buddhas und Bodhisattvas keine Opfer dar? Wieso erweisen wir den Buddhas und Bodhisattvas nicht die Ehre?« Ich antwortete immer: »Das tun wir doch, jedesmal, wenn wir vor einer Mahlzeit die Sutren rezitieren.« Und sie sagten dann: »Ach so.«

Dies alles ist Teil unserer Tradition, aber tatsächlich wissen viele Leute das nicht. Irgendwie ist das sogar in Ordnung – diese Dinge sind so subtil, daß sie oft nicht bemerkt werden. Trotzdem war ich etwas beunruhigt. Ich fand, daß es vielleicht gut wäre, allen zu sagen, daß wir Bodhisattva-Gelübde ablegen, daß wir letztendlich Bodhisattvas sind, daß wir den Buddhas und Bodhisattvas Ehre erweisen, daß wir Opfer darbringen, daß wir zu Buddha, Dharma und Sangha Zuflucht nehmen. Es ist nicht so, daß diese Praktiken nur von anderen Buddhisten ausgeübt werden, denen die Feinheiten des Zen unbekannt sind.

Während vieler Jahre am Zen-Zentrum war mir nicht bewußt, daß ich Zuflucht zu Buddha, Dharma, Sangha genommen hatte. Dann aber erfuhr ich es, wieder durch Dogens Mund, durch Dogens Leben. Als er starb, was tat er da? Seine letzte Handlung war es, um einen Pfeiler zu gehen, auf den er

»Buddha, Dharma, Sangha« geschrieben hatte. Und er sagte: »Am Anfang, in der Mitte und am Ende, wenn man im Leben auf den Tod zugeht, im Tod, nach dem Tod und wenn man auf das Leben zugeht, inmitten von Geburt und Tod nehme man stets Zuflucht zu Buddha, Dharma und Sangha.« Viele Zen-Schüler haben noch nie etwas von dieser grundlegenden Praxis, die alle Buddhisten miteinander teilen, gehört. Es wurde uns zwar gesagt, aber wir hörten es nicht, weil nicht genug darauf aufmerksam gemacht wurde. In gewisser Weise ist unsere Sitz-praxis so wesentlich, daß wir möglicherweise glauben, wir könnten die anderen grundlegenden Praktiken vermeiden.

Praktizieren wir dann aber wirklich ein Zazen, das sich in Übereinstimmung mit der grundlegenden Entschlossenheit befindet, die Dogen Zenji lehrte? Haben wir tiefes Vertrauen? Könnte es sein, daß in unserer Praxis des Buddhadharma falsche, verquere Gedanken in unserem Bewußtsein auftauchen? Ich sage weder, daß dies so ist, noch, daß es nicht so ist. Aber, denken wir überhaupt darüber nach?

Wir sprechen immer von »einfach-nur-sitzen«. Aber es ist sehr schwer zu verstehen, was das heißt. Suzuki Roshi sagte: »Die Gelübde zu erhalten hilft uns zu verstehen, was einfach-nur-sitzen bedeutet.« Aber dann wieder hören wir eine wunderbare Geschichte wie diese, in der ein Mönch den Meister Dongshan fragte: »Wie steht es um Gelübde, Konzentrationspraxis und Weisheit?« Dongshan antwortete: »Ich habe keine überflüssigen Möbel in meinem Haus.«

Dies ist eine wunderbare Unterweisung. Natürlich wird in ihr gesagt, daß Zazen und Gelübde nicht getrennt voneinander sind und Zazen die Gelübde, Konzentrationspraxis und Weisheit immer schon beinhaltet. Aber ich glaube, diese Unterweisung schwächte, als ich sie zum ersten Mal hörte, mein Interesse an den Gelübden ab, und ich studierte sie nicht so gründlich, wie ich das vielleicht getan hätte, wäre mir von Anfang an klar gewesen, daß die Gelübde die grundlegende Handlung des

Zen-Weges sind. Widme ich mich dem Studium der Gelübde, gibt es in meinem Sitzen eine Aufrichtigkeit, die es zum Einfach-nur-Sitzen im eigentlichen Sinne werden läßt. Ohne die Gelübde kann ich, so glaube ich, nicht verstehen, was dieses Einfach-nur-Sitzen bedeutet.

Wenn der Zen-Meister in bezug auf Gelübde, Konzentrationspraxis und Weisheit sagt, daß wir keine überflüssigen Möbel in unserem Haus hätten, meint er damit, so glaube ich, daß die Gelübde kein Zusatz zu unserem Leben sind. Versteht man die Gelübde nicht, kann man weder ein guter Meditierender noch ein guter Meditationslehrer sein. Sie sind keine Nebensache; die Gelübde sind das Herzstück des Erleuchtungsprozesses. Es wurde bisher zu wenig hervorgehoben – und ich versuche, dies gerade nachzuholen –, daß es weder Gelübde außerhalb des Zen noch Zen außerhalb der Gelübde gibt. Genausowenig gibt es ein Bodhisattva-Gelöbnis – den Wunsch, alle Wesen zu retten – außerhalb des Zazen, aber es gibt auch kein Zazen außerhalb des Wunsches, alle Wesen zu retten.

Nachdem ich einige weitere Jahre praktiziert hatte, las ich über Dogens Lehrer Tientung Rujing. Jedesmal, bevor er sich hinsetzte, dachte er: »Jetzt sitze ich, um alle Wesen zu retten.« Er bestärkt uns darin, auf diese Art zu praktizieren – irgendwie hatte ich diese Unterweisung bis dahin nicht wirklich wahrgenommen. Vielleicht war diese Vernachlässigung in den Anfangstagen der Übertragung des Zen nach Amerika eine planvolle Absicht. Jetzt aber sollten wir erkennen, daß es kein Bodhisattva-Gelöbnis – keinen wirklich ernsthaften Wunsch, alle Wesen zu retten – außerhalb des Zazen gibt und kein wirkliches Zazen ohne den Wunsch nach Rettung aller Wesen. Es gibt kein Mitgefühl zusätzlich zu aufrechtem Sitzen sowie kein aufrechtes Sitzen zusätzlich zu Mitgefühl.

Als Narasaki Roshi Green Gulch besuchte, sprach er über die drei Affen. Der Ursprung dieser Geschichte ist mir nicht bekannt, aber in Japan kennt man sie schon seit langer Zeit, und auch wir im Westen haben schon davon gehört. Ich verstand diese Unterweisung bisher immer als: »Nichts Böses sehen, nichts Böses hören und nichts Böses sprechen.« Kennen Sie es auch so? Narasaki Roshi übersetzte es aber auf folgende Weise: »Kein Sehen, kein Hören und kein Sprechen«, oder auch: »Kein böses Sehen, kein böses Hören und kein böses Sprechen«, und das heißt: Nicht anderer Leute Fehler betrachten, nicht darüber sprechen und nicht auf Leute hören, die über die Fehler anderer sprechen. Ein bekanntes buddhistisches Gelübde, nicht wahr?

Auf einer tieferen Ebene des aufrechten Sitzens gibt es natürlich einfach nur »kein Hören, kein Sehen und kein Sprechen«. Narasaki Roshi sprach auch davon, daß sich heutzutage jeder freut, etwas über die Fehler anderer Leute zu hören, darüber zu reden und zu sehen, ob man herausfinden kann, was mit ihnen falsch läuft. Viele Leute verdienen ganz gut damit, daß sie herauszufinden suchen, was daran nicht stimmt, wie andere kochen, wie sie schreiben, Kunst produzieren, Filme machen. Sie finden heraus, was falsch ist, erzählen jedem davon, und dann kann es jeder jedem weitererzählen. So sind wir, nicht wahr? Intensiv mit der Suche nach den Fehlern, dem Hören über die Fehler anderer Leute und dem Sprechen darüber beschäftigt.

Narasaki Roshi sprach aber auch davon, daß wir noch einen vierten Affen brauchen, den Affen des Nicht-Denkens. Anders gesagt, wenn wir uns in »Nicht-Sehen, Nicht-Hören und Nicht-Sprechen« üben, mit einer bestimmten Idee davon, was dies bedeutet, so wird uns das noch immer Probleme bereiten. Um die Gelübde zu verstehen, müssen wir Nicht-Denken, *hishiryo*, praktizieren. Denn wenn wir uns den ersten drei Übungen widmen, über sie nachdenken und sie durch unser eigenes Denken zu verstehen suchen, werden wir geneigt sein zu sagen: »Das ist richtig und das ist falsch. Das hier ist ethisch richtiges Verhalten. Ich handle richtig; ich helfe anderen Menschen.« Aus diesem Grund brauchen wir den vierten Affen, der uns davor schützt, selbstgerecht zu sein, indem er uns daran erinnert,

daß selbst die Gelübde leer im Sinne einer unabhängigen Bedeutung sind. Das heißt: Wir verstehen sie nur durch tiefe Vertrautheit mit allen fühlenden Wesen.

Der vierte Affe ist der nichts festhaltende Geist des aufrechten Sitzens, der Geist jenseits einer Welt von Verdienst und
Nicht-Verdienst. Die Gelübde müssen in diesem Geist des aufrechten Sitzens ausgedrückt werden, als lebendige Erfahrung,
und man darf nicht in einer beschränkten, erstarrten Art an
ihnen festhalten. Gemeinsam mit den Gelübden müssen wir
aufrechtes Sitzen üben, müssen wir Nicht-Denken praktizieren.
Für Zen-Schüler ist daran verzwickt, daß wir manchmal die
Gelübde vergessen, wenn wir Nicht-Denken praktizieren.
Wenn wir die Gelübde nicht empfangen und nicht praktizieren,
wird uns die eigentliche Bedeutung des Nicht-Denkens ver-
schlossen bleiben. Praktizieren wir aber Nicht-Denken nicht,
wird die wahre Bedeutung der Gelübde nicht in uns lebendig
sein können.

Leben wird nicht getötet

Was wird nicht getötet? Einem fühlenden Wesen begegnen und diesem absolute Aufmerksamkeit zukommen lassen, voller Hingabe gegenüber den Freunden, der Familie, dem Hund sein – das heißt, nicht zu töten, und das ist, was das Leben ist. Wenn Sie auf diese Weise praktizieren, werden Sie auf der Stelle von einem normalen menschlichen Wesen zum Buddha befördert. Hingabe verwirklicht spontane Beförderung. Aber sie muß absolut sein. Sie dürfen sich kein bißchen zurückhalten. Legen Sie Ihr ganzes Leben in dieses Sein oder in diese Aktivität, ohne irgend etwas zu erwarten. Bleiben Sie dran, tun Sie nichts, und augenblicklich werden Sie zu einem Buddha, denn das ist es, was ein Buddha tun würde. Das ist es, was *nicht töten* bedeutet.

Dogen sagt: »Leben wird nicht getötet.« Nicht töten ist genaugenommen nicht etwas, was man tun kann, es ist einfach nur die Art und Weise der Dinge selbst, und Ihre Praxis entspricht einfach nur der Art und Weise der Dinge selbst. Wenn Sie das Leben gründlich studieren, werden Sie begreifen, daß alle Dinge einander ganz und gar durchdringen. Man kann etwas Einander-Durchdringendes nicht abschneiden.

Leben wird nicht getötet. Das ist eine transzendierende Aussage, nicht einfach nur ein Verbot. Eine andere Übersetzung von Dogens Kommentar lautet: »Du sollst Leben nicht abschneiden«, und dies entspricht unserem üblichen Verständnis dieses Gelübdes. »Leben wird nicht getötet« unterscheidet sich sehr von: »Du sollst Leben nicht abschneiden.«

In der zweiten Übersetzung ist Dogen Zenji wie eine liebevolle Großmutter, die uns eine Praxis zeigt, welche uns Schritt

für Schritt zu einem Buddha werden läßt. So, wie ich dieses
Gelübde aber lese, handelt es sich nicht um eine Praxis in ein-
zelnen Schritten. Es ist eine Praxis die schon vorbei ist; der
Buddha war schon da.

Bodhidharma sagte: »Die Natur des Selbst ist rätselhaft und
geheimnisvoll. Im Bereich des allumfassenden Dharma die Vorstellung vom Töten nicht aufkommen zu lassen, nennt man das
Gelübde des Nicht-Tötens.«

Ich glaube, dies bedeutet, daß Leben nicht getötet wird,
wenn das Bewußtsein keiner Vorstellung vom Töten verhaftet
ist. Und weil Leben nicht getötet wird, kann das Bewußtsein
ganz und gar in sich selbst ruhen, was dasselbe ist, wie keine
Vorstellung vom Töten zu haben.

Wie wäre es möglich, daß der Geist in sich selbst ruht, wenn
Leben getötet werden könnte? Bewußtsein, der Geist, ist das
Leben. Und in diesem in sich selbst ruhenden Geist wird Leben
nicht getötet. Buddhas Bewußtsein ist so dumm, daß es sich so
etwas Schlaues wie das Abschneiden des Lebens gar nicht ausdenken kann. Könnte der Buddha sich das vorstellen, könnte er
zum Mörder werden. Das ist Bodhidharmas Unterweisung. Das
ist Dogens Unterweisung.

Kyogo, Dogen Zenjis Dharma-Enkel, verfaßte einen Kommentar zu Dogen Zenjis Bemerkungen über die Gelübde. »Leben und Sterben existieren nicht vorher und nachher«, sagte er.
Auch die buddhistischen Gelübde und die buddhistischen Unterweisungen haben nichts mit vorher und nachher zu tun. Es
ist nicht so, daß wir die Welt verneinen und behaupten, es gebe
kein Vorher und Nachher; das menschliche Bewußtsein ist mit
vorher und nachher befaßt. Aber es gibt noch eine andere Art
und Weise – man nennt sie den buddhistischen Weg –, und diese hat nichts mit vorher und nachher zu tun.

Kyogo sagt: »Einfach-nur das Leben nicht abschneiden ist
die Manifestation der umfassenden Aktivität.« Dies bedeutet,
daß das Gesamte, daß alles zusammen aktiv ist. »Umfassende

Aktivität« bezieht sich auf das gesamte Universum. Eine andere Möglichkeit, »umfassende Aktivität« zu übersetzen, wäre, von einem »absolut dynamischen Prozeß« zu sprechen. Alles arbeitet mit allem an allem, gemeinsam. Leben ist also die Manifestation der umfassenden Aktivität. Sterben ist die Manifestation der umfassenden Aktivität. Und einfach-nur Leben nicht abschneiden ist die Manifestation der umfassenden Aktivität.

Wenn wir verstehen, daß das Leben die Manifestation der umfassenden Aktivität ist, verlieren die Wörter »töten« und »nicht töten« ihre eigentliche Bedeutung. Ich denke an ein kleines Windspiel, das einfach nur in der Leere hängt und sich nicht um Nord, Süd, Ost, West, Gut und Böse kümmert. Es ist einfach nur das Windspiel. Es hängt einfach nur da als Manifestation der umfassenden Aktivität.

So ist das Leben. Leben lebt einfach nur. Tod stirbt einfach nur. Das ist alles. Windspiel hängt einfach nur da. Wind weht einfach nur. Er bewegt das Windspiel. Das Windspiel bewegt sich einfach nur. Es will sich nicht in irgendeine andere Richtung bewegen. Es manifestiert seine eigene Schwere und die Bewegung des Windes, und das ist alles, was es tut. Es ist umfassende Aktivität, und das ist alles. Und das ist so einfach, daß das menschliche Bewußtsein es nicht erträgt. Darum müssen wir wieder und wieder dieses Gelübde erhalten, um ertragen zu können, so einfach zu sein.

Eine Frau hat mir darüber eine Geschichte erzählt. Sie lebte als Nonne in Tassajara, als sie die Nachricht erhielt, daß jemand in ihrer Familie erkrankt sei. Sie hat eine ausgeprägte Phantasie und erschuf eine ganze Welt, eine schreckliche Welt, voller Leben, das nicht lebt, und voller Sterben, das nicht stirbt. Sie phantasierte eine Welt voller Leben, das abgeschnitten werden kann, und voller Sterben, das den Dingen widerfährt. Und sie geriet ganz durcheinander, hier, inmitten des friedlichen, kleinen Tals von Tassajara. Sie versuchte herauszufinden, was los war, telefonierte um die halbe Welt und konnte, indem sie mit verschiedenen Verwandten sprach, einige Möglichkeiten ausschließen, bis schließlich nur noch eine übrigblieb: Einem ihrer Kinder mußte etwas passiert sein.

Tief betrübt kehrte sie an ihre Küchenarbeit zurück. Obwohl sie in einem Zen-Kloster war, ertrank sie in einem Ozean der Verzweiflung. Sie sollte Rüben kleinschneiden. Diese Rüben bat sie darum, sie zu erretten – sie flehte jede einzelne Rübe, die sie in die Hand nahm, an –, und die Rüben retteten sie. Die Frau brachte es fertig, sie kleinzuschneiden.

Die Welt von vorher und nachher war immer nur um Haaresbreite entfernt, aber indem die Frau beständig zu den Rüben zurückkehrte und diese zerschnitt – ratsch! ratsch! ratsch! –, wurde sie errettet.

Später fand sie heraus, daß es ein Mißverständnis gegeben hatte und daß alles, was sie sich ausgedacht hatte, nur ein Traum war. Der böse Traum fiel von ihr ab, und sie stellte sich vor, daß alle ihre Lieben glücklich seien.

Dann sah sie ein, daß auch dies nur ein Traum war und daß es den Leuten, die ihr wichtig waren, vielleicht ganz furchtbar schlecht ging. Sie konnte es nicht wissen. Der Punkt ist: Während sie sich von Traum zu Traum bewegte, wo blieb da eigentlich die Rübe? Sie hatte ihre Rübe wieder verloren.

Zuflucht zu nehmen und die Gelübde zu erhalten ist so, wie eine Rübe zu erhalten. Tatsächlich erhalten wir in jedem Moment eine Rübe. Wir müssen einfach nur herausfinden, was die Rübe dieses Moments ist. Was ist die Manifestation der umfassenden Aktivität genau jetzt? Was befreit uns aus diesem beständigen Fluß der Träume? Was schützt uns vor unseren endlosen Einbildungen?

Sind Sie bereit, genau dieses fühlende Wesen zu sein? Sind Sie bereit, das Gelübde zu empfangen, vollkommen Sie selbst zu sein? Der Buddha erfreut sich an jedem, der dieses Gelübde ablegt. Fehlt irgend jemandem irgend etwas, um dieses Gelübde zu empfangen?

Stellen Sie sich vor, Ihr Rücken tut weh. Stellen Sie sich vor, daß schwere Maschinen über ihn fahren. Das ist Ihre Rübe. Ein Rücken, der von einer Dampfwalze überrollt wird, ist eine gigantische Rübe. Lassen Sie sich überfahren. Damit müssen Sie arbeiten. In die Welt jenseits von Geburt-und-Tod gelangen Sie durch diesen Körper. Unser niedergewalzter Körper ist der Ausgangspunkt zu dieser anderen Welt.

Vielleicht haben Sie auch große Zweifel. Sie glauben nicht, daß Sie jemals in eine Welt jenseits von Geburt-und-Tod gelangen können. Dieser Nicht-Glaube ist eine weitere Rübe, die Sie erhalten, um durch sie gerettet zu werden. Man braucht etwas, wodurch man gerettet wird. Rot, gelb, blau, grün, weiß, Form, Nicht-Form, Existenz, Nicht-Existenz, Ursache und Wirkung – wir brauchen einfach etwas. Benutzen Sie den Stoff dieser Träume, um sich aus den Träumen zu erretten. Inmitten der Träume müssen Sie etwas auflesen, von dem Sie sagen: »Das ist die Sache, an der ich arbeite.«

Aber manchmal ist der Schmerz auch zu groß. Wie bei der Frau, von der ich Ihnen gerade erzählte; man wird verrückt. Wenn der Schmerz Ihre Fähigkeit, Geduld zu praktizieren, zerstört, sind Sie erledigt. Sie werden für eine Weile vom Spiel disqualifiziert. Aber wenn Sie die Konsequenzen, die daraus erwachsen, betrachten, kehren Sie zurück. Möglicherweise kommt jemand auf Sie zu und sagt: »Eh, komm zurück in die Gegenwart.« Vielleicht ist der Schmerz nicht mehr so schlimm. Vielleicht ist er noch genauso. Vielleicht ist er schlimmer. Aber auf jeden Fall kehren Sie zurück und sagen: »Ich werde mit dieser Rübe arbeiten.« Ratsch! »Ich werde das Gelübde ›Leben wird nicht getötet‹ empfangen. Vielleicht muß ich mich hinein-weinen. Vielleicht muß ich hineinschlittern, aber irgendwie werde ich schon in diesen, meinen Körper gelangen. Ich werde schon in diesen, meinen Geist gelangen. Und ich werde dies benutzen, um mich zu erretten.«

Wenn Menschen ein Gelübde in Begriffen von Vergangenheit und Zukunft ablegen, sagen sie: »Ach, ich weiß, was das bedeutet, ich akzeptiere dieses Gelübde.« Sie arbeiten an ihrer Moral, was in Ordnung ist. Wenn Menschen aber ein Gelübde ablegen, nachdem sie vernommen haben, daß dieses Gelübde nichts mit Vergangenheit und Zukunft zu tun hat, dann haben sie willentlich etwas angenommen, das sie nicht verstehen. Normalerweise sagen die Leute: »Ich will nichts haben, was ich nicht verstehe. Laß mich damit in Ruhe.« Sie wollen zu sich selbst sagen können: »Hier gibt's keine Fremdkörper. Alles, was hier ist, ist mein Eigenes.« Wenn Sie aber wissen, daß diese Gelübde sich nicht im Rahmen menschlicher Vorstellung bewegen, Sie sie aber dennoch annehmen, dann sind Sie ein Buddha.

Das Annehmen dieser Gelübde ist frei von Zeichen. Wenn Ihnen jemand etwas gibt, das Sie nicht kennen, dann nehmen Sie es einfach. Vielleicht erhalten Sie einfach nur eine Rübe. Oder morgens sagen Sie zu sich: »Ich lege dieses Gelübde ab.« Es ist eine Art Ritual. Leben wird nicht getötet. Sie erhalten nicht nur etwas, das Sie nicht verstehen, Sie erhalten auch etwas Wirkungsvolles und Lebendiges.

Dieses Gelübde handelt davon, wie Sie ganz und gar Sie selbst sein können. Auch das verstehen wir nicht. Wir selbst sein ist eine unerschöpflich große Angelegenheit; wir sind die Manifestation der umfassenden Aktivität.

Nachdem Sie die Gelübde empfangen haben, sind Sie kein anderer als zuvor. Das wissen Sie aber nicht, wenn Sie sie nicht empfangen. Dies ist der Vorteil, wenn man sie erhält. Es ist wie mit der Mönchsrobe. Man zieht sie an, um zu erkennen, daß es keinen Unterschied macht, ob man sie trägt oder nicht. Es gibt keinen Unterschied zwischen dem Empfangen der Gelübde und dem Nichtempfangen.

Das Gelübde des Nicht-Tötens kann man auf drei Ebenen verstehen. Die erste Ebene ist die wörtliche, und entspricht dem Verständnis, mit dem wir in unserer Kultur groß geworden sind: Es ist Unrecht zu töten. Es ist etwas, was man tun kann, aber man darf es nicht tun. Es ist eine Vereinbarung. In meiner Kindheit und in Ihrer sehr wahrscheinlich auch gehörte Töten nicht in unser familiäres Umfeld.

Die nächste Ebene ist die Ebene des Mitgefühls. Manchmal muß man töten, um hilfreich zu sein. Manchmal ist es ein Ausdruck von Mitgefühl, das Gelübde in seiner wörtlichen Bedeutung zu brechen, so, wie man manchmal lügen muß, um den Lebewesen Gutes zu tun.

Auf der dritten Ebene spricht das Gelübde weder vom Töten noch vom Nicht-Töten. Das Gelübde weist darauf hin, daß jede dieser Betrachtungsweisen Buddhas Geist verletzt. Zu denken, man könne töten, ist ein Vergehen gegen dieses Gelübde. Und zu denken, man könne dieses Gelübde im konventionellen Sinn einhalten, ist auch ein Vergehen gegen das Gelübde. Wenn Sie davor Angst haben, getötet zu werden, dann deshalb, weil Sie sich vorstellen können, selbst jemanden zu töten. Menschen, die glauben, daß sie töten könnten, brauchen etwas, um sich davon abzuhalten, ihrem Glauben folgend zu handeln.

Sich das Töten aber vorzustellen *und* zu erkennen, daß es unmöglich ist – das heißt, sich Töten nicht vorzustellen. Das bedeutet, Töten einfach nur als ein Einhorn zu betrachten, als einen Schokoladenmond, einen Gedanken ohne Substanz. Dieses Gelübde unterstreicht eine Lebenspraxis in dieser Welt, bei der man dem Gedanken, töten zu können, keine Nahrung gibt.

Denken, daß man töten kann, und denken, daß man nicht töten kann, beides bricht das Gelübde – von der Handlung des Tötens und Nicht-Tötens ganz zu schweigen.

Jeder, der davor Angst hat, getötet zu werden, ist jemand, der sich vorstellen kann, jemand anderen töten zu können. Menschen ziehen in den Krieg, weil sie davor Angst haben, getötet zu werden. Aber jemand, der ganz sicher weiß, daß er niemanden töten kann, jemand, der ganz sicher weiß, daß er niemanden töten wird, wird keine Angst davor haben, getötet zu werden, und wird deshalb nicht in den Krieg ziehen. Nicht nur das, sondern er wird auch nicht getötet werden. Und er wird nicht sterben. Das Leben stirbt nicht. Das Leben ist unermeßlich und grenzenlos. Leben lebt einfach nur, und dann ist es vorbei. Es verändert sich. Und wenn Sterben stattfindet, dann eben das. Dann herrscht einfach nur Sterben. Erwarten Sie bitte keinen anderen Ausgang.

Wenn Sie das Sterben Sterben sein lassen, werden Sie in den Himmel kommen. Wenn Sie aber wollen, daß Sterben Ihnen etwas anderes gibt als Sterben, dann widerfährt Ihnen Unglück, und Sie werden weder sterben noch in den Himmel kommen. Vor kurzem hörte ich jemanden sagen: »Jeder will im Himmel sein, aber niemand will sterben.« Um in den Himmel zu kommen, müssen Sie sterben. Zur rechten Zeit, der Zeit des Sterbens, nicht Ihrer Zeit. Außerdem: Sie kommen bereits in den Himmel, wenn Sie einfach nur leben; aber in uns Menschen muß das Vorher und Nachher sterben, damit wir einfach nur leben, wenn wir am Leben sind. Und das ist der Himmel – der gleiche Himmel, in den man kommt, wenn Sterben einfach nur Sterben ist. Soweit wir dies überhaupt verstehen können.

Vielleicht fragen Sie sich: Warum sollte es irgend etwas ausmachen, wenn ich einfach ein paar Leute ermorden würde, da doch das Leben sowieso nicht getötet werden kann? Aber wieso sollten Sie das tun? Wieso sollten Sie Leute ermorden? Einfach nur, um das Blut zu sehen? Ein Mensch, der versteht, daß das Leben nicht getötet werden kann, ist ein Buddha. Wieso sollte ein Buddha jemanden ermorden wollen? Ein Buddha schaut eine andere Person an und sieht einen Buddha. Wieso sollte Buddha Buddha ermorden? Ein solches Wesen wäre einfach nicht in der Lage, irgend etwas zu töten.

Nach weltlichen Gesetzen und nach den Gesetzen des Karma bringen Menschen Menschen um. In Buddhas Geist findet dies nicht statt, aber der Buddha kann sogar Menschen, die an das Töten denken, als Buddhas erkennen, und sieht, daß, ganz egal, was diese denken, auch ihre Leben nicht getötet werden. Der Buddha erkennt, daß die Menschen sich einen Traum vom Töten vorspielen. Buddha sieht vollkommene Wesen, die sich selbst und andere unglücklich machen, und Buddha sieht kein Leben, das getötet wird.

Die meisten von uns haben noch nie einen wirklichen Mord gesehen. Wir haben zwar davon gehört, aber gesehen haben wir noch keinen. Das Schrecklichste, was wir in unserem eigenen Leben vielleicht je erfahren haben, ist ein Sesshin. Aber auf die eine oder andere Art erfahren wir den Geist des Vorher und Nachher. Dieses Gelübde fordert Sie auf, den Geist des Vorher und Nachher aufzugeben und eine andere Wirklichkeit zu betreten. Es spricht davon, daß Sie der Welt ein Licht zurückgeben können, wenn Sie das Vorher und Nachher in sich sterben lassen und in die Realität des gegenwärtigen Moments eintreten. So können Sie den Menschen zeigen, was es bedeutet, nicht zu töten.

Der Buddha versteht den Geist, der denkt, daß wir getötet werden können. Er sagt nicht: »Ich verstehe nicht, wovon ihr redet.« Der Buddha kommt in eine Welt, in der die Menschen denken, daß es Töten und Nicht-Töten gibt, und lehrt in ihr. Es ist sogar so, daß Buddha wegen dieser Wesen überhaupt existiert. Solche Wesen bringen Buddha hervor. Soweit Sie in Begriffen von vorher und nachher denken und an diese glauben, werden Sie unglücklich sein, aber sobald Sie diese Gedanken als Illusion erkennen können, werden Sie glücklich sein. Wie auch immer, Buddha erkennt Buddha in Ihnen. Beide Sichtweisen sind vollkommene Manifestationen der Dinge, wie sie sind.

Jemand fragte mich, ob der Buddha in das San-Quentin-Gefängnis gehen und dort lehren würde, daß Leben nicht getötet wird, und ob er zugleich versuchen würde, gegen die Todesstrafe zu arbeiten. Der Buddha würde in das Gefängnis gehen, um zu lehren, sobald die Menschen dort bereit wären, Buddha zu empfangen. Und der Buddha würde mit den Gefängnis- und

Regierungsbeamten über die Todesstrafe sprechen, sobald diese bereit wären, Buddha zuzuhören.

Diese Leute werden sicherlich nicht sagen: »Wir sind bereit; der Buddha kann jetzt zu uns kommen und mit uns sprechen.« Wenn sie bereit sind, werden sie dies auf irgendeine Art ausdrücken. Buddha wird nicht zu ihnen gehen und mit ihnen sprechen, solange sie nicht dazu bereit sind, denn das wäre Zeitverschwendung.

Jeder will wissen, um was man sich kümmern muß, bevor man stirbt, oder um was man sich kümmern muß, nachdem man gestorben ist. »Was soll ich tun, bevor ich mich verabschiede?« Oder: »Nachdem ich gestorben bin und mein Anhaften an Geburt und Tod aufgegeben habe und mich in Buddhas Land befinde, was soll ich dann tun?« Aber dieses Gelübde handelt nicht davon, wie man das Gelübde anwendet. Dieses Gelübde zeigt auf, wie man ein Buddha wird. Wenn Sie Buddha geworden sind, können Sie den Leuten detailliert etwas über die Anwendung erzählen.

Wenn Sie dieses Gelübde praktizieren, dürfen Sie kein anderes Ergebnis erwarten, als einfach-nur nicht töten. »Nicht töten heißt einfach-nur nicht töten. Nicht töten ist ein Gelübde, nicht töten sind zehn Gelübde.« Nicht töten ist die gesamte Welt. Es gibt sonst nichts. Es gibt keine Anwendung. Das ist das Gelübde.

Sobald Sie aber nun dieses Gelübde angenommen haben, haben Sie sich auf der Stelle in ein Wesen verwandelt, das Gutes tut, und was auch immer Sie tun werden, es wird für die Welt von Nutzen sein. Sie können sich dann dafür oder dagegen entscheiden, mit einem Transparent für die Abschaffung der Todesstrafe vor San Quentin zu stehen. Aber wir wollen, daß alles, was wir tun, auf der Stelle ein Ergebnis hervorbringt. Wir wollen nicht derjenige sein, der wir sind, genausowenig, wie wir voller Hingabe gegenüber einer anderen Person sein wollen, ganz gleich, ob sie sich um ihre Gesundheit kümmert, eine Ausbildung anfängt, sich um ihr Aussehen bemüht, uns mag, uns Geld gibt – wir wollen das nicht. Aber darum geht es in diesem Gelübde. Es geht um die totale Aufmerksamkeit gegenüber diesem Moment, darum, einfach-nur hier zu sitzen, ohne Idee von einem anderen Ergebnis als diesem: einfach-nur nicht zu töten.

Der Buddha sagte von uns, wir seien wie ein Mensch mit einer lebensgefährlichen Pfeilwunde, der erst lange mit dem Arzt diskutiert, bevor er sich behandeln läßt: »Mit welcher Methode wollen Sie den Pfeil herausholen? Wird es danach zu einer Infektion kommen? Werde ich genauso gut sein wie zuvor? Werde ich genauso gut aussehen, oder besser?«

Nachdem Sie angefangen haben zu verstehen, daß nicht töten einfach-nur nicht töten bedeutet, glauben Sie, daß Sie dann noch Leute ermorden könnten? Und deren vergossenes Blut würde bedeutungslos sein? Natürlich nicht. Aber wenn Sie dieses Gelübde empfangen, geben Sie Ihre Kontrolle auf und wissen nicht mehr, was Sie tun werden. Sie können Buddhas Reich nicht betreten und sagen: »Nun gut, ich trete mal ein, aber Sie müssen mir garantieren, daß ich nichts falsch machen werde, daß ich politisch korrekt sein werde, daß die Leute mich immer noch mögen werden.« Tatsächlich werden Sie mitfühlender sein als jetzt, Sie werden auch effektiver sein, möglicherweise aber nicht auf die gleiche Art.

Wir müssen alles aufgeben, um Buddhas Reich zu betreten, aber wir müssen uns nicht umbringen. Wir müssen einfach-nur in der Gegenwart sein, was dasselbe ist, wie jeden Moment sterben, so daß wir in jedem Moment leben können. Das ist keine gewalttätige Angelegenheit. Sie müssen dabei freundlich sein zu sich selbst. Sie müssen mit sich selbst Geduld haben und wahrnehmen, wie schwer es ist, dieses begriffliche Bewußtsein abzulegen und einfach nur zu leiden.

Ich will nicht sagen, daß es einfach ist, alles aufzugeben. Ich weiß, wie schwer es ist. In der Zwischenzeit versuchen Sie bitte,

Ihr Leiden anzuerkennen und geduldig zusammen mit allen fühlenden Wesen in seiner Mitte zu sitzen. Wenn wir geduldig in der Gegenwart unserer Schmerzen sitzen, erkennen wir die Umrisse von Geburt und Tod und nehmen unser Anhaften an sie wahr. Und dann werden wir erkennen, wo wir loslassen können.

Der Hausaltar

Der Hausaltar eines Zen-Schülers befindet sich genau hier. Der Weg kommt aus dieser Gegenwart, und dorthin kehrt er zurück. Es ist der Altar einer nicht-dualistischen Meditation, der Altar, der kein Objekt des Denkens ist.

Als Dogen Zenjis Lehrer Ju-ching zum Abt eines Klosters berufen wurde, ging er in die Meditationshalle, betrachtete den Buddha auf dem Altar und sagte: »Ein Giftpfeil in meinem Auge.« Dann ging er weiter. Zen ist Bilderstürmerei; wir rebellieren gegen jedes Bild außerhalb von uns selbst. Der Altar ist ein Ort, an dem wir unsere ungeteilte Beziehung zu unserem wahren Selbst ausdrücken; er ist kein Ort, an dem wir einem Buddha außerhalb von uns selbst etwas darbringen oder einem Erwachen, das nicht seinen Platz in dieser Gegenwart hätte.

Falls Sie in Ihrem Haus einen Altar aufstellen wollen, so entscheiden Sie sich für einen Platz, an dem Sie sich wohlfühlen – ein »Heim in Ihrem Heim«. Stellen Sie den Altar nirgendwo hin, wo er andere Mitglieder Ihres Haushaltes oder Besucher stören könnte. Wählen Sie einen Ort, an dem Sie für sich sein können, an dem Sie sich erholen können.

Für einen Altar sollte man ein zentrales Bildnis haben. So wie die frühen Buddhisten könnten Sie ein Rad, einen Fußabdruck oder eine Steinsäule wählen; es könnte auch die Statue oder das Bild eines Buddha sein, eines Wesens, das die Erleuchtung verkörpert; oder es könnte das Bild eines erleuchtenden Wesens sein: Avalokiteshvara zum Beispiel, der Bodhisattva des unbegrenzten Mitgefühls, der die Hilferufe aller Lebewesen vernimmt. Sie können auch den Namen eines Buddha oder Bodhisattva auf eine Karte schreiben – »Avalokiteshvara« oder »der die Hilferufe aller Wesen erhört« – und diese in die Mitte stellen.

Der Buddha oder Bodhisattva kommt in die Mitte. Links davon stellen Sie eine Kerze auf und rechts Blumen. Licht betrachtet man als die höchste aller materiellen Gaben. Das Licht der Kerze, der Duft der Blume. In die Mitte, direkt vor die Figur, stellen Sie eine Schale für Räucherstäbchen. Man kann jede Schale aus Keramik oder Metall nehmen und sie mit Sand füllen, aber Asche ist am besten, und wenn Sie Asche nehmen, wird die Asche der Räucherstäbchen die Schale weiter anfüllen.

Zusätzlich zu den Gaben von Licht, Blumen und Räucherwerk können Sie auch noch Lehren, die Sie selbst rezitieren, darbringen. Sie können Lehrreden rezitieren oder auch anderes, von dem Sie glauben, daß es das Dharma ausdrückt, die vollkommen erwachte Lehre. Bringen Sie diese vor der Statue dar und teilen Sie so mit dem Buddha die Freuden der Lehre.

Viele von uns näherten sich dem Zen durch Sitzmeditation, und es schockierte uns zu erkennen, daß traditionelle Zen-Praxis auch aus Ritualen, zum Beispiel aus Sich-Niederwerfen, besteht. Ich hörte einmal von einer Deutschen, die Zen in Japan studierte. Während einer Zeremonie, bei der sie sich niederwarf, sagte sie zu der Person neben sich: »Ich weiß nicht, was ich hier unten tue, aber der Rest von mir weiß es.« Wenn Sie sich niederwerfen, nähern Sie sich der Erde; Sie berühren die Erde mit Ihren Füßen, Ihren Knien, Ihren Händen und Ihrem Kopf. Sich-Niederwerfen ist Buddhismus – wenn es Sich-Niederwerfen gibt, gibt es Buddhismus, und wenn es Buddhismus gibt, gibt es Sich-Niederwerfen. Niederwerfen heißt nicht sich vor etwas niederwerfen. Sich-Niederwerfen bricht den Dualismus auf. Je länger ich Zen studiere, desto mehr verstehe ich, daß Zen voller tiefer Hingabe ist.

Es gibt wirklich keinen Buddha außerhalb von uns selbst. Buddhas auf Altäre stellen, sie von Altären wegnehmen heißt, diesem zentralen Punkt zu begegnen. Und man braucht irgend etwas, um sich damit konfrontieren zu können. Ich glaube, daß es wirklich eine wunderbare Möglichkeit ist, zu Hause einen Buddha auf einen Altar zu stellen – so daß man sich mit dem Problem der eigenen Buddhaschaft beschäftigen kann. Der Altar ist ein Ort, von dem aus man nach Hause zurückkehren kann, um so die Vertrautheit aller Lebewesen mit den Erwachten zu feiern. Es ist der Ort, an dem man die Weichheit, ein Kind Buddhas zu sein, ausdrücken kann, zugleich mit der Kühnheit, die darin liegt, selbst der Ausdruck der Lehre Buddhas zu sein.

Einfach-nur diese Person

Ich möchte uns alle ermutigen, Zazen zu üben. Ich sage dies, weil ich daran glaube, daß aufrechtes Sitzen der Weg ist, die das Selbst verwirklichende Bewußtheit zu betreten, die alle erwachten Ahnen unserer Tradition als den richtigen Pfad des Friedens und der Freiheit für alle Lebewesen erachtet haben.

Für mich heißt aufrechtes Sitzen, daß jedes Individuum ganz und gar es selbst ist. Indem wir unsere begrenzte Individualität vollständig anerkennen und ausdrücken, überschreiten wir sie. In jedem Moment unseres Lebens still zu sitzen und einfach nur wir selbst zu sein läßt uns schließlich vielleicht erkennen, daß wir überhaupt nicht wir selbst sind, sondern in Wirklichkeit sind wir so tief miteinander verbunden und unterstützen einander so absolut, daß wir nichts anderes sind als alle Lebewesen zusammen.

Dies erkennend, erkennen wir Buddhas Geist, denn Buddhas Geist ist der Geist aller Wesen. Auf diesem Weg erwachen wir aus unserem fundamentalen menschlichen Irrtum, voneinander getrennt zu sein, und werden frei von allem Unglück, das aus diesem Irrtum folgt.

> Kurz bevor er wegging, fragte Guter Diener (Tung-shan Liang-chieh) seinen Lehrer: »Wenn mich jemand in einigen Jahren fragt, ob ich ein Bild des Meisters geben kann, was soll ich antworten?«
> Nachdem er eine Weile geschwiegen hatte, sagte Wolkige Klippe (Yün-yen T'an-shen): »Einfach- nur diese Person.«

Guter Diener wurde sehr nachdenklich, und Wolkige Klippe sagte: »Guter Diener, nachdem du die Last dieser Großen Angelegenheit auf dich genommen hast, mußt du sehr vorsichtig sein.«

Guter Diener blieb im Zweifel über das, was Wolkige Klippe gesagt hatte. Später, als er einen Fluß überquerte und im Wasser sein eigenes Spiegelbild sah, erfuhr er tiefe Erleuchtung und erkannte die Bedeutung des vorausgegangenen Wortwechsels. Er verfaßte das folgende Gedicht:

Vermeide es, draußen zu suchen,
Auf daß es sich nicht von dir zurückzieht.
Heute ziehe ich alleine dahin,
Und doch begegne ich ihm überall.
Er ist jetzt kein anderer als ich selbst,
Und doch bin ich nicht er.
Auf diese Weise muß man verstehen,
Um unmittelbar verbunden zu sein.

Wenn wir mit ganzem Herzen die Unterweisung »einfach-nur diese Person« praktizieren, werden alle Wesen hervorkommen und uns begegnen, und wir erkennen, daß »sie jetzt kein anderer sind als ich selbst«, egal, welche Form im Sinne von Ethnizität, Geschlecht, Spezies etc. sie haben.

Der Weg der Freiheit von Selbsttäuschung zeigt sich in der vollständigen Anerkennung von Täuschung. Auf eine tiefgründige Art und Weise studierten, verstanden und lehrten unsere mitfühlenden Ahnen, wie Selbsttäuschung erscheint und wie sie die Quelle allen Unglücks ist. Die Buddhas sind Wesen, die tief in das Studium der Selbsttäuschung eintauchen und ein großes Erwachen inmitten des Studiums der Selbsttäuschung erfahren. Das Tor zu diesem befreienden Studium des Selbst nennen wir »aufrechtes Sitzen«.

Unser großer Ahne Thoreau sagte in *Walden*: »Man braucht nur an einer anziehenden Stelle im Walde lange genug ruhig sitzen zu bleiben, damit alle seine Bewohner sich der Reihe nach vorstellen.«

Indem wir »ruhig sitzen«, indem wir stillsitzen, gelangen wir zum wirklichen Studium des Selbst. Einfach nur sitzend, geben wir es auf, vermittelte Erfahrungen zu machen oder uns auf sie vorzubereiten. Dann begegnet uns in aufrechtem Sitzen ein Selbst, das nicht das Selbst ist, das wir zu studieren beabsichtigten, das wir zu studieren erwarteten, sondern das Selbst, das »sich uns im Wechsel zeigt«, indem wir einfach nur sitzen. Es ist ein frisches, unerwartetes, störendes, schwieriges, direktes Selbst. Dieses Selbst lohnt es zu studieren, denn wenn ein Selbst auftaucht, das frisch und direkt ist, unerwartet, werden wir aus unserer dumpfen Selbstgewißheit gerissen und begeben uns in eine umfassende Auseinandersetzung mit ihm.

Ich finde, je mehr mich eine Angelegenheit in Schwierigkeiten bringt, desto unmittelbarer ist sie. Und je unmittelbarer, um so fesselnder. Mich interessiert also das, was neu und direkt ist, und seit einiger Zeit frage ich Menschen, um mehr darüber in Erfahrung zu bringen: »Was beunruhigt Sie am meisten?« Eine Frau erzählte mir, daß sie im Zendo am meisten von ihrem Schlucken gestört wird. Es ging nicht darum, daß sie nicht schlucken konnte, sondern daß sie es oft und laut tat. Sie machte sich Gedanken und war besorgt, daß ihr Schlucken ihre Nachbarn stören würde. Indem sie weiterhin saß und ihren Atem betrachtete, schluckte und sich Sorgen machte, bemerkte sie noch etwas. Sie bemerkte, daß der Grund ihrer Sorge, andere zu stören, darin lag, daß sie sich davor fürchtete, diese würden sie wegen ihrer Geräusche ablehnen. Sie wurde von der Angst gequält, abgelehnt zu werden. Nachdem sie mir das alles erzählt hatte, sagte sie: »Geht das irgendwie in die richtige Richtung?«

Ich war sehr froh über ihre Geschichte vom aufrechten Sitzen und sagte: »Ich denke nicht, daß es richtig oder falsch ist, aber ich bin froh darüber, daß Sie sich durch Ihr Sitzen mehr auf sich selbst einlassen.« Dieses Selbst war vielleicht nicht das Selbst, das sie sich zu studieren ausgesucht hätte, sondern ein unerwartetes Selbst, dessen Entstehen sie in der Erfahrung des Schluckens, Sich-Fürchtens und Ängstigens als Zeugin beiwohnte.

Zuerst nahm sie an, daß es ihr darum ging, andere nicht zu stören oder zu verletzen, aber indem sie saß und tiefer blickte, kehrten sich die Dinge um, und sie erkannte, daß sie sich davor fürchtete, von anderen verletzt zu werden. Sie glaubte, sich um andere zu sorgen, und erkannte, daß sie sich in Wirklichkeit einfach nur um sich selbst Sorgen machte.

In unserer Tradition gibt es unzählige Geschichten wie diese, die uns verstehen lassen, wie absolut widersprüchlich ein unabhängiges Selbst ist, wenn wir die einfache Anweisung unserer Ahnen: »Einfach-nur diese Person«, aufrichtig praktizieren. Je stärker wir die innere Widersprüchlichkeit des Selbst wahrnehmen, umso mehr können wir erkennen, wer wir wirklich sind, und umso mehr erfahren wir unser eigenes Erfülltsein. Je umfassender wir die widersprüchliche Natur unseres Selbst anerkennen, um so mehr können wir die Widersprüche unseres Lebens bejahen. Und wenn wir diese Widersprüche vollständig bejahen, werden wir in der Lage sein, auch unseren Tod anzunehmen. So werden wir den Mut finden, einfach-nur zu sitzen und wir selbst zu sein, jenseits der Idee eines Selbst – wir selbst, in totaler Übereinstimmung mit dem, was wir nicht sind – nämlich alle lebenden Wesen. Dieser Prozeß gipfelt in der Erkenntnis, mit dem anderen absolut identisch zu sein, und befreit uns von unserer grundlegenden Illusion eines eigenständigen Selbst.

Hier ist noch eine Geschichte vom aufrechten Sitzen. Als kleiner Junge lebte George Washington Carver am Rande des

Ozark-Gebirges in Missouri. Auf einem abgelegenen, unbestellten Stück Land legte er seinen eigenen kleinen Garten an. Tief in den Wäldern baute er aus weggeworfenem Material ein Gewächshaus. Wenn er gefragt wurde, was er im Wald tat, sagte er: »Ich gehe in mein Garten-Hospital und kümmere mich um meine kranken Pflanzen.« Er brachte kranke Pflanzen in sein Gewächshaus und kümmerte sich um sie, bis es ihnen besser ging und sie gesund wurden. Er verstand sich darauf, Pflanzen zu heilen. Die Damen in seiner Nachbarschaft erfuhren davon und baten ihn, sich um ihre kranken Zimmerpflanzen zu kümmern. Er kümmerte sich um die Pflanzen und gab sie zurück, sobald sie wieder gesund waren. Die Damen fragten ihn: »Lieber Junge, woher weißt du das alles, wie hast du gelernt, diese Pflanzen zu heilen?« Der kleine George sagte: »All die kleinen Blumen sprechen zu mir, so wie die tausend anderen lebenden Dinge. Was ich weiß, lerne ich, indem ich alles achte und liebe.«

»Alles achten und lieben« war sein Weg des aufrechten Sitzens. Es war sein Tor in das wahre Studium des Selbst. Er wurde er selbst durch seine Vertrautheit mit den Pflanzen, durch sein Hören auf die Blumen. Sie zu achten und zu lieben war seine Erfüllung. Für ihn blieben die Pflanzen nichts Äußerliches. Sie waren das Erblühen seines Genies, und indem sie ihn erfüllten, wurden sie geheilt.

Mit unzähligen Lebewesen aufrecht sitzend, treten wir, ganz natürlich, in die das Selbst verwirklichende Bewußtheit Buddhas ein, in die Bewußtheit, die alle Lebewesen befreit und heilt.

Die Sehnsucht nach Einheit

Berge und Flüsse der unmittelbaren Gegenwart sind
die Verwirklichung des Weges der Buddhas aus alter
Zeit. Da sie das Selbst vor dem Aufkommen der Formen darstellen, vollzieht sich in ihnen die durchdringende Befreiung der absoluten Wirklichkeit.
Meister Tao-kai sagte: »Die grünen Berge gehen ohne
Unterlaß. Eine Frau aus Stein gebiert ihr Kind in der
Nacht.
Wer sein eigenes Gehen kennt, kennt das Gehen der
grünen Berge. Sowohl das Vorwärtsgehen als auch
das Rückwärtsgehen sollten einer genauen Prüfung
unterzogen werden.«
Dogen, *Das Sutra von Flüssen und Bergen*

Ich habe gehört, aber ich bin mir nicht ganz sicher, daß Sie so
sind wie ich. Wenn ich also für Sie sprechen darf, würde ich sagen, daß wir alle eine tiefe Sehnsucht nach Einheit haben, einen
starken Drang, zu unserem ursprünglichen Gesicht vor der Geburt unserer Eltern zurückzukehren.

Dogens Sutra spricht über die Berge und Flüsse der unmittelbaren Gegenwart. Wie können wir in die unmittelbare Gegenwart zurückkehren? »Diese Berge der unmittelbaren Gegenwart sind das Selbst vor dem Aufkommen der Formen.« Unsere
Existenz in der unmittelbaren Gegenwart ist das Selbst vor dem
Aufkommen der Formen.

Heute morgen versuchten wir, *Die Einheit von Essenz und Erscheinung* zu rezitieren. Wir rezitierten, und es gab große Un-

stimmigkeiten, und während wir schmerzhaft diese Unterschiede fühlten, sehnten wir uns nach Einheit. Einige von uns versuchten, diese Einheit herzustellen, aber dadurch schufen wir nur noch mehr Unterschiede. Zu versuchen, Unterschiede in Einheit zu verwandeln ist sehr entmutigend; man kann es nicht. Unterschiede sind Unterschiede, und Einheit ist Einheit. In den Bergen und Flüssen der unmittelbaren Gegenwart durchdringen Unterschiede und Einheit einander.

Mit allem, wovon wir träumen, wollen wir wiedervereint werden. Mit allem, was wir sehen, hören, berühren, wollen wir wiedervereint werden. Von allem, was wir erfahren, sind wir getrennt. Umkehren, »rückwärtsgehen«, das ist Praxis. Sobald wir rückwärtsgehen, schreiten wir auf natürliche Weise voran. Solange wir nicht umkehren, können wir nicht wissen, was zu tun ist. Wir sind nicht verwurzelt, nicht ausgeglichen. Indem wir von der Welt zurücktreten, treten wir von dort zurück, wo wir uns gerade befinden; aber solange wir gegenüber einer Situation, in der wir uns gerade befinden, irgendwelche Vorbehalte haben, sind wir zu diesem Zurücktreten nicht in der Lage. Wenn Sie und ich wirklich willens sind, ganz und gar hier zu sein, in diesem Moment, mit ganzem Herzen, dann können wir zurücktreten. Wir können umkehren.

Aus mir spricht ein sehnsuchtsvolles Herz. Mein Herz ist wie Wasser, das in den Ozean zurückkehren möchte. Wenn ich dies einfach akzeptieren kann, ist es genug. »Was will dieser Schmerz von mir? Was will dieser Mensch, dieser Vogel?« Vielleicht kommt eine Antwort; sie mag lauten: »Kehre ihn um«, »Laß ihn gehen«, »Komm nach Hause«, »Kratz mir den Rücken.« Vielleicht erhalten Sie eine Antwort; das wäre in Ordnung. Aber hören Sie mit dem Fragen nicht auf. »Was will das von mir«, ist einfach eine Möglichkeit, über vorbehaltloses Gegenwärtigsein zu sprechen. Es ist eine Konstruktion, um Konstruktionen loszulassen. Es ist nicht wirklich ein Weg zurück; Sie befinden sich nämlich schon dort.

Vielleicht glauben Sie, daß ich Ihnen etwas erkläre, aber ich zeige mich nur. Herzen müssen bluten; dafür sind sie da.

Es gibt etwa achtzig Personen in diesem Sesshin, und alle sind wir in einem Raum zusammengedrängt. Bedauerlicherweise sind deswegen einige Plätze nicht so gut. Ein paar Leuten mit schlechten Plätzen wurden andere schlechte Plätze zugewiesen. Wegen des Mitgefühls der Sesshin-Leitung sitzen Sie jetzt auf neuen schlechten Plätzen. Unsere blutenden Herzen empfinden Ihre Schwierigkeiten, und wir wollen, daß es Ihnen besser geht. Wir wollen Ihnen keine Schmerzen zufügen, indem wir Sie hinter Pfeilern direkt an einer Wand plazieren oder neben Leute, die Sie nicht mögen. Wir wollen das alles nicht. Aber auf unsere dumme Art sind wir Ihnen gegenüber möglicherweise sehr freundlich und geben Ihnen die Chance, einen dankbaren Geist zu entwickeln. Sie sind in einer Situation, einer schmerzhaften Situation, in der alles anders ist, als Sie es erwartet haben. Viele Leute machen eine äußerst schmerzhafte Erfahrung mit der Sitzordnung – schlimmer noch als die Schmerzen in ihren Beinen. Eine fortgeschrittene Studentin rannte wegen des ihr zugewiesenen Platzes fast aus dem Zendo. Aber durch die übernatürlichen Kräfte der Sesshin-Leitung fand sie, kurz bevor sie losrennen wollte, einen anderen Platz. Sie sitzt jetzt sehr still auf ihrem neuen Platz. Andere waren noch glücklicher und erhielten keinen neuen Platz, aber ihre schreckliche Situation kehrte sich um. Wie haben sie das gemacht? Wie konnten sie von: »Das ist unmöglich!« zu: »Oh, ich bin so dankbar!« hinfinden? Was ist passiert? Es ist passiert.

Die Sitzordnung ist eine wundervolle Gelegenheit, etwas umzukehren; relativ einfach, wenn man es mit den persönlichen Beziehungen zu anderen Wesen vergleicht. Unsere blutenden Herzen wollen miteinander umkehren, wir wollen mit dem anderen wiedervereint werden, aber dafür brauchen wir die andere Person, irgendwie können wir uns nicht einfach durch uns selbst wiedervereinen. Da die andere Person uns zuzwinkern kann, warten wir auf sie. Wir behaupten: »Ich kann nicht glauben, daß du mich liebst, es sei denn du zwinkerst mir zu. Zwinkere bitte. Ich kann nicht glauben, daß du fühlst, wie mein Herz sich dir nähert, bevor du dich nicht näherst. Ich kann nicht glauben, daß du meiner ausgestreckten Hand vertraust, solange du sie nicht zuerst nimmst.«

Dies sind Praxis-Anweisungen. Man kann diese Instruktionen an vielen Orten finden. In *Hamlet* sagt Shakespeare:

> *Horatio:* Beim Sonnenlicht, dies ist erstaunlich fremd.
> *Hamlet:* So heiß als einen Fremden es willkommen.
> Es gibt mehr Ding' im Himmel und auf Erden
> Als eure Schulweisheit sich träumt, Horatio.

Und wir sehnen uns nach Einheit. Wie kann ich mein Verlangen ausdrücken? Mit meinem Mund formuliere ich mein Verlangen, mit meinem Körper frage ich: Was? Was ist das? Was sind Geburt und Tod? Wozu fordern sie mich auf? Was ist es, das Anteil nimmt?

Im Kessel
des Lebens schmoren

Fast genau die Hälfte meines Lebens habe ich in Zen-Tempeln und Klöstern verbracht. Morgens stehe ich vor Sonnenaufgang auf und schlurfe verschlafen zum Zendo. Obwohl manchmal große Probleme auftauchen, sind alle Freunde und Lehrer unglaublich freundlich und voller Unterstützung. Ich finde keine Worte, um wirklich auszudrücken, wie dankbar ich bin und welches Glück ich habe, dieses Leben so führen zu können. Der Versuch, ein Leben des Erwachens zu leben, ist eine Freude jenseits der Freude. Jetzt haben wir Herbst, und ich nähere mich meinem fünfzigsten Geburtstag. In mir und überall um mich herum erlebe ich Sterben und Traurigkeit. Ich frage mich zutiefst, was wirkliches Mitgefühl ist. Wie kann ich, in der Lebenszeit, die mir verbleibt, die Liebe und Freundlichkeit zurückerstatten, die ich erfahren habe, und meiner Verantwortung für das Wohlergehen aller leidenden Wesen gerecht werden? Wie kann überhaupt etwas Hilfreiches aus diesen verwirrten Gefühlen entstehen?

Bis jetzt praktizierte ich, indem ich still inmitten aller Lebewesen saß, das heißt, indem ich geradlinig und aufrecht Buddhas Weg folgte. Aber ich fühle jetzt, daß etwas fehlt, und manchmal höre ich das Echo einer Stimme, die mich auffordert: »Streck die Hand aus.« In den letzten Jahren erfahre ich Veränderungen in meiner Praxis. Ich frage mich, ob »die Hand ausstrecken«, ob hilfreich zu sein, etwas anderes ist als das Leben, das ich schon führe, oder ob es einfach nur bedeutet, daß ich das, was ich tue, noch gründlicher und achtsamer tun soll?

Vielleicht werde ich ganz selbstverständlich die Hand ausstrecken, wenn ich mich mit ganzem Herzen den kleinen Aufgaben widme, die jeden Tag vor mir liegen. Vielleicht wird die Sorge um das Naheliegende die weitreichende Aktivität des Mitgefühls hervorbringen. Und trotzdem fühle ich mich unwohl mit dieser Hingabe an das Kleine und Nahe, solange mein Herz und mein Verstand nicht von der Idee allumfassenden Mitgefühls ergriffen sind. Tatsächlich kann ich mich ohne die Unterstützung aller noch nicht einmal um die kleinen Dinge meines Lebens kümmern. Oder, umgekehrt, nur durch die Hingabe an das Wohlergehen aller bin ich in der Lage, auch nur die kleinsten Dinge zu bewerkstelligen.

Die authentische Praxis des Sitzens in der Tiefe der Stille, um so der Lehre Buddhas gewahr zu werden, kann nicht alleine vollbracht werden. Die wahre Bedeutung von Buddhas radikaler Anweisung »Einfach-nur-sitzen« kann nur im Zusammenhang mit dem Gelöbnis verwirklicht werden, alle Lebewesen zu retten.

Inmitten solcher Überlegungen und Empfindungen trösten und ermutigen mich die Geschichten unserer Vorfahren. Bitte bedenken Sie diese:

> Der Mönch Tao-kai studierte bei Meister T'ou-tzu.
> Er fragte: »Die Worte der Buddhas und Vorfahren sind wie Reis und Tee. Gibt es außerdem noch etwas, um den Menschen zu helfen?«
> T'ou-tzu sagte: »Antworte du mir: Beruhen die Befehle des Kaisers in seinem Reich auf denen der alten Könige?«
> Als Tao-kai gerade zu sprechen ansetzen wollte, versetzte T'ou-tzu ihm einen Hieb mit seinem Stab und sprach: »Schon als dir der Gedanke kam hierherzukommen, hattest du Schläge verdient.«
> Da erwachte Tao-kai.

Es tut mir gut, meine Frage in der von Tao-kai wiederzufinden: Lehrten die Buddhas und Vorfahren irgend etwas anderes als diese gegenwärtige, alltägliche Aktivität, etwas anderes als »Tee und Reis«? Hängt das Vergelten von Freundlichkeit und die Unterstützung aller Wesen von irgend etwas ab, das außerhalb der sorgfältigen Aufmerksamkeit gegenüber unserer Erfahrung von Moment zu Moment liegt? Beruht unsere alltägliche Praxis des Mitgefühls auf der Autorität der Buddhas aus alter Zeit? Die Antwort auf diese Frage ist im Rest der Geschichte enthalten.

Es gibt zwei Vorgehensweisen, um unseren Körper-und-Geist in Buddhas Weg zu verankern. Die erste besteht darin, zu einem Lehrer zu gehen und die Lehre zu hören. Die zweite liegt in der totalen Hingabe an das Einfach-nur-Sitzen. Die Lehre zu hören öffnet uns Herz und Geist und erlaubt beiden, sich zu entfalten. Einfach-nur-sitzen ist die alltägliche Angelegenheit der Buddhas und die lebendige Verwirklichung der Begründer des Zen. Keine dieser Möglichkeiten darf vernachlässigt werden.

Die Geschichte zeigt, daß wir zuerst in gutem Glauben zu anderen gehen und von diesen Beistand erhoffen. Dadurch, daß wir diese Hilfe annehmen, finden wir sie in uns selbst. Zuerst wenden wir uns der Wirklichkeit zu, dann wendet sich die Wirklichkeit an uns.

Vor kurzem besuchte ich eine Kunstausstellung, eine Präsentation lebensgroßer Puppen. Die Frau, die sie herstellt, lehrt auch, wie man sie macht. Sie sagt, Puppen zu machen ermögliche es Menschen, sich ihrer Existenz in einer äußeren Form zu vergewissern. Als ich ihr zuhörte, dachte ich an den Weg des Einfach-nur-Sitzens: In der Form des Sitzens lassen wir das, was unsere Existenz bestätigt in aller Tiefe offenbar werden; wir klären Körper-und-Geist und erwachen zur Wirklichkeit. Die eigentliche Wirklichkeit des Buddhadharma ist jenseits von Form und Nicht-Form – aber um heilsam zu sein, muß sie in eine Form gebracht werden.

Die Puppenmacherin erklärte auch, daß diese Puppen immer in einem Kreis von Freunden hergestellt werden. Was ist ein Kreis? Ein zweidimensionales Bild. Wäre es dreidimensional, könnten wir es auch Kessel nennen, Schmelztiegel oder Schoß – Behältnisse für Prozesse, in denen die großen Sehnsüchte unseres Lebens Form annehmen.

Der Kreis stellt also eine Beziehung dar – eine Beziehung gegenseitiger Verpflichtung und Anteilnahme. Er kann aus nur zwei Personen bestehen. Ein Schüler, der mit einem Lehrer arbeitet und von diesem im Dharma unterwiesen wird, beide formen so das Behältnis, in dem die totale Hingabe an das Einfach-nur-Sitzen verwirklicht werden kann. Darum wissend, daß dieser Prozeß nicht alleine verwirklicht werden kann, sucht und gibt jeder in diesem Kreis gegenseitige Unterstützung und stärkt so den Kessel, in dem der Inhalt bis zur Vollkommenheit geschmort wird. Lehrer und Freunde brauchen es, daß wir unsere verborgenen Möglichkeiten vollkommen verwirklichen, und sie sind nicht eher zufrieden, als bis wir dies erreicht haben.

Zusammen mit Freunden und Lehrern in diesem Kessel zu praktizieren kann uns davor schützen, begrenzten Ideen über das, was Sitzpraxis ist, anzuhängen. Während wir den Weg in unserem Sitzen verwirklichen, kann es zum Beispiel passieren, daß wir eine begrenzte Einstellung dazu entwickeln, was »Erwachen« bedeutet. Vielleicht glauben wir, es verwirklicht zu haben – oder wir glauben, es nicht verwirklicht zu haben.

Die Meditationshalle zu betreten und inmitten von Freunden und Lehrern zu sitzen mag vielleicht wirklich als Bitte um Anleitung und Feedback verstanden werden. Wir setzen uns nieder und bitten so um ein Feedback durch alle anderen. »Das ist meine Praxis; diese bringe ich allen Wesen dar. Das ist mein Versuch, meine tiefsten Sehnsüchte Form werden zu lassen. Was denkt ihr darüber?« Feedback wird einem vielleicht zuteil, während ein Lehrer durch die Meditationshalle geht und die Haltungen justiert.

Manchmal glauben wir, vollkommen aufrecht zu sitzen, und fühlen uns nach einer Justierung schief und krumm. Es geht nicht darum, ob wir falsch oder richtig saßen, sondern jetzt sind wir im Besitz neuer Informationen darüber, wer wir sind. Jemand hat uns berührt und sagt uns in dieser Berührung: »Ich liebe dich und möchte, daß du vollkommen glücklich bist. Und, ach ja, versuch's doch mal mit dieser Haltung. Wie fühlt sich das an?« Wenn wir dann immer noch nicht empfinden, daß wir angeleitet werden, müssen wir es unserem Lehrer laut sagen: »Wie ist meine Praxis, was ist die Wahrheit?« Indem wir so fragen, schaffen wir den Kessel und rühren in der Suppe.

Jeder von Ihnen – nicht einzeln, sondern zusammen in einem Kessel mit allen Wesen schmorend – verwirklicht Erwachen. Niemals Sie allein, denn das ist nicht das, was Sie wirklich sind. Sie allein, das ist nicht Buddhanatur; Ihr ganzes Sein im Kessel aller Wesen verwirklicht den Weg. Dies ist die vollkommene Verwirklichung Ihres Lebens.

Genausowenig können Sie allein flexibel und frei von starren Ansichten sein. Für sich selbst zu entscheiden, was Flexibilität ist, stellt eine Art von Unbeweglichkeit dar. Flexibilität bedeutet, in Harmonie mit allen Wesen zu existieren. Das ist eine Art kosmischer Demokratie. Jeder von uns hat eine Rolle inne und verfügt über eine Stimme. Sie stimmen ab, indem Sie anwesend sind wie ein großer, unbewegter Berg. Bitte treffen Sie eine vollständige Wahl; das ist Ihre Aufgabe. Danach hören Sie allen anderen Wesen zu, besonders Menschen aus anderen Ländern, Menschen, die Ihnen unbekannt sind, und solche, mit denen Sie verfeindet sind.

Tun Sie sich mit Leuten zusammen, die sich Ihnen und Ihrem Leben gegenüber verbindlich verhalten und gleiches auch von Ihnen erwarten. Tun Sie sich mit Menschen zusammen, denen Sie etwas bedeuten, Menschen, die Sie für ihre eigene Entwicklung brauchen, und die dies auch sagen. Lassen Sie sich ein, und zerreißen Sie dieses Band so lange nicht, bis alle Wesen vollkommen sind.

Ohne einen Kessel erschaffen Sie keinen Buddhakörper, und diesen Kessel können Sie niemals alleine herstellen. Sie können nicht alleine praktizieren; das ist Täuschung. Erwachen bedeutet, daß alle Dinge hervortreten und Sie bestätigen. Dann schmoren Sie wirklich.

Teil 3

ZEIT UND RAUM

Das Samadhi des Schatzspiegels

Von Tung-shan Liang-chieh

Ohne Irrtum, ohne Zweifel,
So ist das Dharma.
Der Buddha und die Meister,
Die seine Lehre weitergaben,
Haben nicht darüber gesprochen.
Jetzt könnt ihr es erlangen.
Deshalb bitte ich euch, bewahrt es unversehrt.
Der weiße Schnee bedeckt das Silberplateau.
Das Licht des Mondes umhüllt den weißen Reiher.
Sie sind sich nahe, doch nicht identisch.
Sie sind innig vereint,
Doch jedes versteht seinen eigenen Zustand.
Das Bewußtsein ist nicht Sprache.
Wenn sich die Gelegenheit anbietet,
Müssen wir auch dorthin gehen.
Durch die Worte verwirrt, stürzt ihr in den Abgrund.
Im Zerwürfnis mit den Worten
Gelangt ihr in die Sackgasse des Zweifels.
Sich ihm widersetzen, es berühren –
Das eine ist so wertlos wie das andere;
Das ist wie eine Feuerkugel.
Drückt ihr euch in verzierter Sprache aus,
So entstammt dies dem Reich der Befleckungen.
Mitternacht ist das Wahre Licht.
Die Morgendämmerung ist nicht hell.
Diese Worte werden zum Gesetz des Seienden.
Wenn ihr sie gebraucht, könnt ihr alles Leiden

Und alle Schwierigkeiten von euch weisen.
Selbst wenn es nicht ohne Bewußtsein ist,
Ist es nicht ohne Sprache.
Doch ist es unbewußt, wird es zur Sprache.
Wie wenn ihr euch im Spiegel betrachtet:
Form und Spiegelbild betrachten einander.
Ihr seid nicht das Bild,
Doch das Bild ist mit euch identisch.
Wie Neugeborene in der Welt mit ihren fünf Eigenschaften:
Sie gehen nicht, sie kommen nicht,
Sie tauchen nicht auf, sie bleiben nicht,
Sie sprechen nicht,
Baba wawa – uku muku ...
Letztlich können sie nicht bekommen, was sie wollen,
Denn ihre Sprache ist nicht genau.
Die sechs Linien des Hexagramms »Juri«
Fördern das wechselseitige Spiel.
Ihre Entfaltung ergibt drei, ihre Wandlung fünf.
Wie die fünf Geschmäcke der Pflanze Chiso.
Das gleicht ganz und gar einem Diamantzepter.
Wenn das Gerade und das Schiefe
Sich begegnen und verschränken
(Wie die Beine im Lotussitz),
Sind auf wunderbare Weise Frage und Antwort vermengt.
Das ist innig verbunden mit dem Ursprung.
Das ist vertraut mit dem WEG.
Ist dies vermengt, so bedeutet dies das Glück.
Doch wir dürfen nicht
Den geringsten Irrtum begehen.
Das ist unschuldig und geheimnisvoll.
Das gehört weder zur Illusion noch zum Satori.
Das Gesetz der wechselseitigen Abhängigkeit
Und die Gelegenheit
Können verwirklicht werden

In der Klarheit und Stille des Herzens.
Das Kleine dringt ein ins Unendliche.
Das Große begrenzt den Kosmos.
Bildet sich eine Abweichung, und sei sie noch so winzig,
So kann sich dies nicht
Mit dem Rhythmus der Musik harmonisieren.
Jetzt gibt es das Plötzliche und das Allmähliche.
Die Schulen trennen sich; das wird zur Norm.
Selbst wenn ihr die Schulen versteht
Und die Lehre verwirklicht,
Ist dies eine Befleckung des wahren Satori.
Außen – Ruhe
Innen – Bewegung.
Wie das Pferd, dem man die Füße fesselt,
Wie die Ratte, die sich verbirgt.
Da alle Meister, die die Lehre weitergaben,
Über diesen Punkt betrübt waren,
Verspürten sie das Bedürfnis, das Dharma zu spenden.
Da jeder der Illusion voller Irrtum folgt,
Verwechselt er das Weiße mit dem Schwarzen.
Haben die Illusionen sich aufgelöst,
Kann jeder augenblicklich Selbst verstehen.
Wollt ihr euch einordnen in die alten, überlieferten Spuren,
So betrachtet bitte aufmerksam das Beispiel
Eurer frühen Vorgänger.
Damit der Weg des Buddha
Erfolgreich geschaffen werden konnte,
Wurde der Baum zehn Millionen Jahre lang betrachtet.
Wie der Makel des Tigers,
Wie die Nachtaugen des Pferdes.
Die Menschen glauben sich minderwertig
Und betrachten die Dinge
Wie seltene Schätze.
Sie fürchten sich vor ihrem Geist.

Daher muß der Meister sich in eine Katze
Oder einen weißen Ochsen verwandeln.
Durch seine erhabene, genaue Technik
Kann der Meister des Bogens
Selbst aus großer Entfernung die Scheibe treffen.
Doch die erhabenste Technik
Verliert ihre gesamte Wirksamkeit,
Wenn mitten im Flug Pfeil und Lanze zusammentreffen.
Der Mann aus Holz singt,
Die Frau aus Stein erhebt sich und tanzt.
Die Gefolgschaft muß dem König gehorchen.
Der Sohn muß seinem Vater folgen.
Nicht zu folgen
Ist nicht Kindespflicht des Sohnes.
Nicht zu gehorchen bedeutet,
Kein wirklicher Gefolgsmann zu sein.
Die verborgene Handlung,
Geheim und vertraut benutzt,
Erscheint dumm und beschränkt.
Dies heißt das Wesentliche im Wesentlichen.
Allein dies hat Erfolg.

Ein warmes Lächeln
vom kalten Berg

Wir können ein Sesshin als eine Woche betrachten, in der wir sitzen und unsere Praxis vertiefen und in der wir vielleicht etwas von der Natur des Geistes begreifen. Diese Betrachtungsweise ist ganz in Ordnung; sie ist eine der traditionellen Einstellungen. Ein Sesshin ist das Tor der Kultivierung, der Pflege, durch das man vom Alltäglichen in die Erleuchtung eintritt. Eine andere Sicht von Sesshin besteht darin, Sesshin als Unterstützung des grundlegenden Wirkens des buddhistischen Weges zu betrachten. Es geht dann nicht so sehr darum, daß man eine Woche sitzt, um irgendwohin zu gelangen oder etwas Bestimmtes zu erkennen, sondern man sitzt einfach eine Woche lang, um eine Woche lang zu sitzen. Man beteiligt sich eine Woche lang an Buddhas Arbeit. Man beteiligt sich eine Woche lang an Buddhas Spiel. Das ist das natürliche Tor, durch das man die Alltäglichkeit von der Erleuchtung her betritt.

Das Samadhi des Schatzspiegels beginnt folgendermaßen: »Ohne Irrtum, ohne Zweifel, so ist das Dharma ... Jetzt könnt ihr es erlangen. Deshalb bitte ich euch, bewahrt es unversehrt.« Am Anfang ist die Buddhaschaft. »Jetzt könnt ihr (sie) erlangen.« Der Rest des Gedichts beschäftigt sich damit, wie man sie bewahrt. Wie bewahrt man sie? Indem man Buddhas Arbeit macht. Und wenn Sie Ihre Praxis auf diese Art betrachten, dann entspannen Sie sich und genießen Sie sie. Sie ist keine Technik, um irgend etwas zu erreichen; sie ist einfach nur das tägliche Tun Buddhas.

Es wird berichtet, daß der alte Buddha Dogen, befragt, was er in China gelernt habe, geantwortet haben soll: »Die Augen sind waagrecht, die Nase senkrecht. Ich bin mit leeren Händen zurückgekehrt. Ab jetzt will ich meine Zeit angenehm verbringen und die Dinge so nehmen, wie sie kommen.«

Die meisten Buddhas haben offene, leere Hände. Wenn Sie ein Buddha sind, brauchen Sie nichts in Ihren Händen zu halten. Sie sind das Ziel, Sie sind die Praxis. Sie brauchen keine weitere Ausstattung.

Das Schöne eines Sesshin ist, daß es so einfach ist. Sie müssen einfach nur sitzen, und das ist genug. Sie dürfen es genießen. Genießen Sie die Tatsache, daß Ihre Augen waagrecht und Ihre Nase senkrecht sind. Nehmen Sie die Dinge so, wie sie sind, im stillen Fluß der Zeit. Betrachten Sie dieses Einatmen, dieses Ausatmen, Ihre Haltung, den Klang des Stroms. Das ist es, was unser Vorfahre Dogen Zenji das »Samadhi des Selbst-Genusses« (*jijuyu zammai*) nannte.

Nachdem der Buddha erwacht war, saß er sieben Tage lang unter dem Bodhibaum und genoß die große Freude der Freiheit (*vimoksha-sukha-samadhi*). Können wir uns erlauben, uns einfach hinzusetzen und die große Freude der Befreiung zu genießen? Gebe ich mir diese Erlaubnis? Ich möchte Sie darin ermutigen, sich selbst als Buddhas Arbeit zu genießen.

Könnte es sein, daß die Freude des Sitzens Buddhas Arbeit ist? Zweifeln Sie daran? Falls Sie daran zweifeln, so ist es Buddhas Arbeit, diesen Zweifel zu genießen. Untersuchen Sie diesen Zweifel. Finden Sie heraus, ob er irgendeine Substanz hat.

Ich sage nicht, daß wir nicht danach verlangen sollen, etwas zu erreichen. Ich sage, daß wir uns ermutigen sollen, frei zu werden von dem Impuls, etwas erreichen zu müssen. Lassen Sie uns mitten in unseren Wünschen nach Vervollkommnung und Verbesserung leben, ohne darin verstrickt zu sein, und betrachten wir dies als Buddhas Tun, verstehen wir es als Buddhas Arbeit. Dies bedeutet, im Samadhi des Selbst-Genusses anzukommen. Unsere Vorfahren sagen nicht, daß es keine Vervollkommnung gibt – Buddhas haben Großes erreicht. Es ist nur so, daß ihre Praxis der Realisierung und ihre Realisierung der Praxis durch ihre Vollkommenheit nicht befleckt wird.

Es gibt keine Zeichen, durch die man den Körper des Tathagata erkennen könnte. Das bedeutet nicht, daß er keine Zeichen aufweist, aber man kann ihn dadurch nicht erkennen. Im *Diamant-Sutra* heißt es, der Körper des Tathagata sei durch »Nicht-Zeichen bezeichnet«. Der berühmte japanische Töpfer Shoji Hamada signierte seine Schalen nie. Man fragte ihn: »Wieso signierst du sie nicht?«, und er antwortete: »Nun, wenn ich tot bin und die Leute finden unsignierte, schlechte Schalen, so werde ich nicht dafür verantwortlich gemacht. Sind sie aber gut, so werden sie sagen, daß sie von mir stammen.« In dieser Weise ist der Körper des Tathagata zeichenlos, unsigniert.

Arhats tragen Zeichen. Wenn man buddhistische Plastiken betrachtet, sind Arhats manchmal deformiert und häßlich dargestellt. Ihre Körper sind von ihren großen Vervollkommnungen gezeichnet. Bodhisattvas dagegen sind nicht deformiert, weil es kein Zeichen ihrer Vervollkommnung gibt. Das bedeutet nicht, daß es keine Vervollkommnung gibt, sondern nur, daß dafür kein Zeichen existiert. Verunstalten Sie sich nicht durch Vervollkommnung. Zeichnen Sie ihren makellosen Buddhakörper nicht durch Erreichtes. Nun, ich sollte nicht sagen, tun Sie es nicht. Tun Sie es, wenn sie es wollen. Aber schon jetzt erledigen Sie die Arbeit eines Buddha. Sie erhalten den Buddha-Weg in der Welt.

Die Lehre der Unmittelbarkeit kann durch Worte nicht erfaßt werden, und doch läßt sich von ihr sprechen. Aber wenn Unmittelbarkeit sprachlich dargestellt wird, setzen wir sie der Unklarheit aus, sie wird befleckt. Es ist trotzdem in Ordnung, sie zu beflecken; es ist in Ordnung, über sie zu sprechen. Der große Lehrer Chao-chou sagte: »Wissend und willentlich überschreitet sie.«

In dieser Jahreszeit ist es in Tassajara sehr kalt. Ed Brown und ich sprachen über alte Zeiten, als einige Studenten in Tassajara sich verpflichteten, die verschiedensten Dinge zu erreichen. Während einer der ersten Praxisperioden war ein Vorhaben, unter einem dünnen, grauen Kimono nichts weiter als ein T-Shirt zu tragen. Zwei oder drei Leute nahmen sich das vor. Während dieser Praxisperiode war es sehr kalt, und eine der Personen, die dies vorhatten, saß an der Eingangstür des ungeheizten Zendo. Der Mann schaffte die ersten paar Tage des Dezember-Sesshin. Dann aber ging er auf sein Zimmer und kroch dort in seinen Schlafsack, aus dem er für den Rest des Sesshin nicht mehr auftauchte.

Während dieser Zeit schickten einige Teilnehmer der Praxisperiode einen Gruß an Richard Baker nach Japan. Ich schrieb: »Ein warmes Lächeln vom kalten Berg.«

So sind wir immer noch hier, warmes Lächeln vom kalten Berg, achtzehn Jahre später. Wir haben noch immer ein warmes Lächeln, warme Körper, warme Herzen in diesen kalten Bergen. Die wechselseitige Durchdringung von warmen Körpern und kalten Bergen ist auch Form und Leerheit. Man kann warme Körper nicht von kalten Bergen trennen. Solange man lebt, gibt es beides. In einem Schlafsack kann man vielleicht für kurze Zeit warme Körper und kalte Berge voneinander trennen. Dann gibt es nur noch warme Körper und warme Schlafsäcke, was auch in Ordnung ist. Aber wenn man durch Tassajara läuft, zeigt sich die dynamische Durchdringung von Form und Leerheit.

Ich mag die Kälte nicht, aber ich liebe sie. Ich hasse es, in kaltem Wind herumzulaufen, aber zugleich fühle ich mich von der Wirklichkeit umgeben. Ich fühle mich am richtigen Ort. Kalter Wind ist so erfrischend und quicklebendig. Und ich hasse ihn. Wir fühlen beides. Wir fürchten uns davor, daß die Kälte uns unser warmes Lächeln, unser warmes Herz nehmen könnte. Sicherlich kann sie uns die warmen Finger und Zehen wegnehmen. Hat dieser warme Mensch eine Möglichkeit, sich in diesen kalten Bergen niederzulassen? Wenn uns zu warm ist, bekommen wir Angst vor der Kälte. Wenn uns zu kalt wird, bekommen wir Angst vor der Kälte. Worin besteht Buddhas Aktivität inmitten der Kälte? Führen Sie ein Gespräch mit der Kälte, ein Gespräch mit der Leerheit. Starren Sie in die Kälte, betrachten Sie das Nicht-Ich. Wenn Sie lange genug hinsehen, wird es zurückblicken. Die kalten Berge werden lächeln.

Kalter Berg (Han Shan), Dichter der Tang-Dynastie, sagte:

> [Die Menschen] suchen heute einen Weg durch
>   die Wolken.
> Aber der Wolkenweg ist dunkel und ohne Zeichen.
> Die Berge sind hoch und oft felsig und steil.
> In den weitesten Tälern scheint selten die Sonne.
> Vor und hinter einem: grüne Gipfel,
> Weiße Wolken ziehen von Ost nach West.
> Du willst wissen, wo der Wolkenweg liegt?
> Genau hier, inmitten der Leere.

Dieses Gedicht paßt gut nach Tassajara. »In den weitesten Tälern scheint selten die Sonne.« – von solch engen Tälern wie diesem hier gar nicht erst zu sprechen. Wenn man die Straße bergan läuft, scheint die Sonne, aber hier unten nicht. Vor und hinter Ihnen liegen grüne Gipfel, und weiße Wolken ziehen nach Ost und nach West.

Sie setzen das grundlegende Wirken des Buddha-Wegs fort. Aber es gibt eine gewisse Gefahr, auf den steilen Bergen der Vollendung auszurutschen. Man hat immer die Tendenz, die Arbeit am Buddha-Weg noch verbessern zu wollen. Deshalb sollen sämtliche Unterweisungen Sie zuerst in die Lage versetzen, Buddhas Arbeit zu tun, um Sie dann davor zu schützen, sich vorzustellen, daß Sie dem etwas hinzufügen müßten. Ich möchte Sie darin bestärken, einfach weiter zu praktizieren, so, wie Sie es tun. Dem müssen Sie nichts hinzufügen.

Die Linie des Soto-Zen, besonders so, wie sie durch Suzuki Roshi an uns übermittelt worden ist, ist eine Linie der Wolken-Wanderer und Wolken-Bauern. Es ist der Weg der Wolken, der Weg durch die Wolken. Er mag manchmal schwer erscheinen, weil es keine Zeichen gibt. Er ist zeichenlos. Zeichenlos bedeutet, daß Sie dieser Weg sind. Zeichenlos bedeutet, daß Sie Buddha sind. Das ist Ihr Gesicht; lassen Sie uns dies alles genießen und weiter unsere Arbeit tun.

Unmittelbarkeit

Während der Morgenzeremonie rezitieren wir *Das Samadhi des Schatzspiegels*: »Ohne Irrtum, ohne Zweifel, so ist das Dharma. Der Buddha und die Meister, die seine Lehre weitergaben, haben nicht darüber gesprochen. Jetzt könnt ihr es erlangen. Deshalb bitte ich euch, bewahrt es unversehrt.«

Das erste, was ich über diese Unterweisung sagen möchte, ist: Wenn Sie Unmittelbarkeit praktizieren wollen, so sollten Sie dies ohne Zögern tun. Dies ist die Art und Weise, in der Unmittelbarkeit immer praktiziert wird – ohne Zögern. Mit anderen Worten, GENAU JETZT. Nicht später, wenn Sie besser vorbereitet sind; das ist nicht die Praxis der Unmittelbarkeit. Es gibt natürlich Praktiken auf die man sich vorbereiten kann, ich aber möchte nachdrücklich eine Praxis beschreiben, die man ohne Zögern tut.

Was können wir eigentlich ohne Zögern tun? Nun, es gibt nichts, was ich ohne Zögern tun könnte. Zugleich aber wird alles ohne Zögern getan. Ich kann nichts tun, ohne zu zögern, denn sobald ich versuche, etwas ohne Zögern zu tun, zögere ich. »Ich« bin im Weg und verursache eine Verzögerung.

Die Dinge ereignen sich permanent und ohne Verzögerung. Alles geschieht zur richtigen Zeit. »Es geschieht zur richtigen Zeit« ist die Praxis der Unmittelbarkeit. Nicht, daß ich persönlich die Dinge zur richtigen Zeit geschehen lassen könnte, sondern daß die Dinge zur richtigen Zeit geschehen – das bin ich. Ich bin einfach das, was ohne Zögern passiert. Das Praktizieren von Unmittelbarkeit ist nichts, was Sie oder ich tun könnten.

Es geschieht, genau jetzt; Sie praktizieren genau jetzt. Sie haben es schon erlangt, also bewahren Sie es gut.

Die Praxis des Nicht-Zögerns zieht sich wie ein Faden durch alle buddhistischen Praktiken. Es ist eine Praxis, die niemand alleine tun kann und die doch zugleich jeden einzelnen bestätigt. Es ist nicht so, daß die Menschen diese Praxis bestätigen, sondern die Praxis bestätigt die Menschen. Jeder wird vollständig bestätigt, nicht nur ein wenig. Jeder einzelne von uns wird durch das Nicht-Zögern aller Dinge auf seinem individuellen Weg und in seinen einzigartigen Charakteristiken und Verhaltensweisen bestätigt.

Es gibt eine Geschichte über zwei unserer chinesischen Vorfahren, Männer, die ich gerne getroffen hätte. Sie lebten vor langer Zeit, vor ungefähr 1500 Jahren. Der eine hieß Nan-yüeh Huai-jang, und der andere Hui-neng. Hui-neng wird manchmal der Sechste Ahne oder Sechste Patriarch des Zen genannt. Fast alle existierenden Schulen des Zen-Buddhismus führen ihre Abstammung auf ihn zurück und entspringen aus seinem Geist. Einer seiner bedeutendsten Schüler war Nan-yüeh Huai-jang.

Als Huai-jang Hui-neng aufsuchte, um bei ihm zu studieren, fragte dieser: »Woher kommst du?«

Huai-jang antwortete: »Ich komme aus Sungshan.«

Daraufhin sagte Hui-neng: »Was ist es, das so kommt?«

Und Huai-jang antwortete: »Sobald ich sage: ›Es ist dies‹, habe ich das Wesentliche schon verpaßt.«

Der große Meister Hui-neng sprach: »Nun, gibt es demnach weder Praxis noch Realisierung?«

Daraufhin antwortete Huai-jang ganz ruhig : »Ich sage nicht, daß es keine Praxis und keine Realisierung gibt, ich sage nur, daß sie nicht befleckt werden können.«

Der große Meister war sehr erfreut, dies zu hören, und er sagte: »Alle Buddhas praktizieren diesen unbefleckbaren Weg. Du bist so. Ich bin auch so.«

Die Praxis kann nicht befleckt werden. Mit anderen Worten, sie kann nicht verzögert werden. Sie geht immer voran, unbehindert, ganz und gar erfüllt. Wir können nichts an ihr ändern – es gibt nichts, was wir tun könnten, ob wir es versuchen oder nicht, um in den Großen Weg einzugreifen. Zum Beispiel: Wenn ich versuche, ein besserer Mensch zu werden, habe ich mich schon befleckt. Ich verfüge gar nicht über die Möglichkeit, mich zu »verbessern«, jedenfalls nicht, indem »ich« es versuche. »Ich« weiß nicht einmal, was »Verbesserung« ist. Dies bedeutet nun aber nicht, daß Veränderungen unmöglich seien, daß es weder Praxis noch Realisation gibt. Der Punkt ist der: Sobald ich eingreife und versuche, Praxis und Realisation hervorzubringen, beflecke ich sie. Ich sage: »Es ist so und so« – und verpasse das Wesentliche. Verwandlung ist nichts, was ich hervorbringen könnte; Verwandlung bringt mich hervor.

Ich habe schon einmal gesagt, daß es sehr schwierig ist, diese Praxis richtig zu tun. Es ist nicht so einfach, dem Weg nicht im Wege zu stehen und ihn einfach geschehen zu lassen. Da wir solche Schwierigkeiten mit der Praxis haben, sind die Buddhas manchmal behilflich und bieten einen Weg an. Aber denken Sie daran, es gibt keine wirklichen Wege, die man in dieser Praxis beschreiten kann. Es gibt nichts, was einem dabei behilflich ist, Unmittelbarkeit zu praktizieren. Nirgendwo kann man einen Hebel ansetzen. Nichtsdestotrotz stellen Buddhas Hebel und Methoden zur Verfügung, denn manche Menschen weigern sich, etwas zu versuchen, solange man ihnen nicht sagt, wie es geht. Wie ich schon sagte: »Jetzt könnt ihr es erlangen« – aber vielleicht möchten Sie das nicht glauben.

Es gibt einen Ausdruck, der zwei Aspekte dieser Praxis der Unmittelbarkeit beschreibt: »Der Weg des Ergreifens und der Weg des Gewährens.« »Jetzt könnt ihr es erlangen« ist der Weg des Ergreifens; Achtung vor dem Zweifel daran, daß »ihr es jetzt erlangen könnt« ist der Weg des Gewährens.

> Der Kaiser Wu fragte Bodhidharma: »Was ist die
> höchste Bedeutung der edlen Wahrheiten?«
> Bodhidharma antwortete: »Weite Leerheit und
> nichts Heiliges.«

Heiligkeit ist etwas Zusätzliches, etwas, das man den Dingen in ihrer Unmittelbarkeit hinzufügt. Für Buddha gibt es so etwas wie »Heiligkeit« nicht, gibt es nichts über den Dingen, so, wie sie sind.

Nach seinem Wortwechsel mit dem Kaiser Wu saß Bodhidharma neun Jahre lang vor einer Wand. So sind die Dinge. Damals wußten nur wenige Menschen Bodhidharma zu schätzen, und deswegen hatte er nicht so viele Schüler. Es war schwer, diesen Weg zu praktizieren; er war so einfach. Und, nebenbei bemerkt, Bodhidharma sah etwas unfreundlich aus, einfach nur so dasitzend, wie eine Wand.

Heute können wir vielleicht erkennen, daß dieser unfreundlich dreinblickende Kerl das Mitgefühl selbst verkörperte. Unfreundlich war er gegenüber allem, außer gegenüber der Unmittelbarkeit. Das größte Kompliment, das er allen Wesen machen konnte, war das der Unmittelbarkeit. Er sprach nie darüber, wie man sich verbessern könnte. Statt dessen sagte er: »Jetzt könnt ihr es erlangen.« Kompromißlose, niemals weichende Stetigkeit in Unmittelbarkeit. Das ist der Weg des Ergreifens.

Einmal kam ein Zen-Lehrer in unser Bergkloster Tassajara und sagte, das Klosterleben sei so, als ob sich eine riesige Hand um alles lege und es zusammenpresse. Jeder wird in sich selbst gepreßt. Jeder wird in den Zeitplan, auf seinen Platz, zum Mittagessen gepreßt. Es wird fester und fester gepreßt, bis jemand herausplatzt. Wenn jemand herausplatzt, sammelt man ihn auf, steckt ihn zurück und preßt weiter. Bis der nächste herausplatzt – wir wissen nicht, wer es sein wird; es könnte ein neuer Schüler sein oder auch der Abt –, und dann sammelt man ihn auf, steckt ihn wieder rein und preßt. Wir pressen uns in die Praxis der Unmittelbarkeit hinein. Wenn jemand dies nicht erträgt, nun, dann sollte man ihn aufsammeln, das heißt, ihm behilflich sein durch das, was er zu tun in der Lage ist, und ihn dann wieder hineinstecken.

Leute aufsammeln und sie wieder hineinstecken, das ist der Weg des Gewährens. Das heißt: Da die Menschen nicht glauben wollen, daß sie schon über die Lehre der Unmittelbarkeit verfügen, sagt man: »In Ordnung, du hast recht. Und da es stimmt, daß Unmittelbarkeit nichts ist, was man tun kann, versuche es doch mal mit dieser Praxis, die ich dir jetzt erklären werde und die du ganz sicher tun kannst.« In Wirklichkeit aber sammelt man die Menschen auf und steckt sie einfach wieder in die Praxis der Unmittelbarkeit hinein.

Es mag Ihnen möglicherweise nicht gefallen, aber der erste Grundsatz des Buddhismus ist Buddhas Geist. Ich sage, das gefällt Ihnen vielleicht nicht, denn: Was ist Buddhas Geist? Sie besitzen ihn schon, aber es wäre Ihnen vielleicht lieber, wenn Buddhas Geist etwas wäre, das Sie noch nicht besitzen. Wie dem auch sei, der erste Grundsatz ist, daß unser Geist und Buddhas Geist derselbe sind.

Der zweite Grundsatz sagt, daß wir denken, unser Geist und Buddhas Geist seien verschieden. Dieser Grundsatz betrifft Fragen der Ungleichheit, der Differenz. Da wir in einer Welt der Unterschiede leben, fällt es uns schwer, den ersten Grundsatz zu würdigen: die Gleichheit von uns und allen Buddhas. Wir schaffen Unterschiede, produzieren Ungleichheiten und nehmen diese dann überall wahr. Mit diesen beiden Grundsätzen müssen wir leben und beide zusammen sind Unmittelbarkeit. Selbst in unseren Verschiedenheiten praktizieren wir alle ohne Zögern, selbst wenn wir sagen: »Moment mal. Warte.« »Moment mal« zu sagen geschieht immer im richtigen Moment.

Für Lebewesen bedeutet Erwachen, sich einfach nur nicht zu bewegen. Wir können uns nicht bewegen, ohne zu zögern. Sich nicht zu bewegen bedeutet, ein lebendiges Wesen zu sein – sich

124

nicht von der Tatsache wegzubewegen, daß man ein lebendiges Wesen ist. Das ist Erwachen.

Auf diese Art und Weise sind Bodhisattvas den Menschen behilflich. Wir helfen uns und anderen, indem wir den Weg bezeugen, auf dem alle Dinge hervortreten und sich selbst bestätigen. Dies ist die Praxis der Unmittelbarkeit, wie sie in ihrer ganzen Tiefe durch die Buddhas und Vorfahren übermittelt wurde. Jetzt haben Sie diese Praxis erlangt, also bitte, bewahren Sie sie unversehrt.

Auf den Körper hören

Unser letztes Sesshin war der Praxis und Lehre von Dainin Katagiri Roshi gewidmet. Am Ende jenes Sesshin stellte ich mir vor, daß wir alle in einem Kreis säßen. In der Mitte dieses Kreises sah ich den Namen unseres großen, mitfühlenden Lehrers, Dainin, »Umfassende Geduld«. Während dieses Sesshin hatten wir alle in diesem Kreis mit dem Leiden gesessen, mit dem sichtbaren und dem unsichtbaren. Damals sprach ich darüber, wie jeder einzelne mit dem Leiden umgegangen war – wie jeder mit seinen individuellen Schwierigkeiten saß und lebte.

Ich denke, wir könnten jetzt da anfangen, wo wir damals aufhörten, nämlich mit der Erkenntnis, daß das Leiden sich im Zentrum unseres Kreises befindet, wenn wir uns hier niedersetzen. Leiden taucht in unserem Leben und überall in der Welt auf. Im Augenblick brennen in Kalifornien viele Wälder. Unser Land befindet sich am Vorabend eines weiteren Krieges[7], und einige von uns haben Freunde oder Familienmitglieder in der Armee oder im Nahen Osten. Obwohl Sie alle es wissen, möchte ich noch einmal sagen, daß Sesshin bedeutet, hier inmitten der Wirklichkeit des Leidens zu sitzen. Zu allererst sitzen wir mit dieser Wirklichkeit. Schätzen wir uns doch glücklich, so sitzen zu dürfen, auf diese Art Glück und Frieden finden zu können, mit all dem Leiden hier in diesem Raum und überall um uns herum. Wir haben das große Glück, daß wir über diese Sitzpraxis verfügen und jetzt die Gelegenheit wahrnehmen können, ihr ausgiebig sieben Tage lang zu folgen.

---

7   Tenshin Reb Anderson spricht hier den Golfkrieg an, der sich zu jener Zeit gerade abzeichnete. (A. d. Ü.)

Im Moment ist der Himmel bedeckt. Dünner Nebel liegt in der Luft, aber die Sonne kann jeden Moment hervorkommen. Unsere Gefühle können sich ändern. Wir werden vielleicht glücklicher oder trauriger. Aber es gibt etwas, das inmitten des Kommens und Gehens unseres Glücks unbewegt bleibt. Etwas Stilles, Ruhiges und Friedvolles, direkt vor unserer Nase.

Lassen Sie uns dieses Sesshin damit anfangen, auf den Körper zu hören. Lassen Sie uns auf etwas hören, das durch Licht und Klang, Geschmack und Geruch und durch den Tastsinn, durch Hitze und Kälte, Druck, Roheit und Sanftheit berührt wird. Lassen Sie uns auf etwas hören, das aufrecht ist und auf diese Phänomene reagiert. Das ist fast so, als würde ich sagen: »Bitte hören Sie auf die Stille.« Indem Sie auf Ihren Körper hören, können Sie vielleicht besser verstehen, daß Stille eine Struktur hat, daß Stille nicht nichts ist. Es gibt eine Funktion in der Stille. Es gibt eine Empfänglichkeit in der Stille. Still zu sitzen und dem Körper zuzuhören kann diese Struktur, diese Funktion und die Empfänglichkeit offenlegen. Hören Sie also bitte auf Ihren Körper, während Sie still sitzen. Ich lege Ihnen dies als Möglichkeit nahe, um Frieden inmitten des Leidens zu verwirklichen. Hören Sie auf den Körper.

Zu Anfang eines früheren Sesshin sagte Katagiri Roshi: »Machen Sie aus Zazen kein Spielzeug.« Glauben Sie nicht, daß Sie hier sitzen und irgend etwas tun. Das macht aus Zazen ein Spielzeug; etwas, das man beeinflussen kann, etwas, das man tun kann. Versuchen Sie vielmehr, wirklich zu begreifen, was es heißt, absolut alleine zu sein. »Alleine sein« bedeutet, daß es nichts mehr neben Ihnen gibt, was man eine andere Person nennen könnte. Daß es nichts mehr neben Ihnen gibt, was man Zazen nennen könnte. Sie sind absolut alleine, und das ist Zazen. Absolutes Alleinesein. Das bedeutet das gleiche wie: »Hören Sie auf Ihren Körper.« »Hören Sie auf Ihren Körper« bedeutet, absolut alleine zu sein.

Buddha lehrte das, was er »den besseren Weg alleine zu leben« nannte im *Theranamo-Sutta*. Hier eine neue Übersetzung von Thich Nhat Hanh. Es ist ein kurzes Sutra:

Das Folgende hörte ich den Buddha sagen, als er einmal im Kloster des Jeta-Hains in der Stadt Savatthi weilte. Zu jener Zeit gab es einen Mönch namens Thera (der Ältere), der es vorzog, stets allein zu sein. Bei jeder Gelegenheit pries er die Praxis des Alleinlebens. Er ging allein, um Almosen zu erbitten, und er meditierte allein.

Einmal kam eine Gruppe von Bhikkhus zum Buddha; sie erwiesen ihm ihre Ehrerbietung, indem sie sich zu seinen Füßen niederwarfen; dann traten sie zur Seite, setzten sich in einiger Entfernung nieder und sagten: »Erhabener, es gibt einen älteren Mönch namens Thera, der immer allein sein will. Stets preist er das Alleinleben. Er geht allein ins Dorf, um Almosen zu erbitten, kehrt allein aus dem Dorf zurück, und er sitzt allein in Meditation.«

Der Buddha beauftragte einen der Bhikkhus: »Bitte geh zu Thera, und sag ihm, daß ich ihn sehen möchte.«

Der Bhikkhu tat, wie ihm geheißen. Als der Mönch Thera den Wunsch des Buddha vernahm, kam er unverzüglich, warf sich zu Füßen des Buddha nieder, trat zur Seite und setzte sich in einiger Entfernung. Dann fragte der Erhabene den Mönch Thera: »Ist es wahr, daß du es vorziehst, allein zu sein, ein Leben in Einsamkeit zu preisen, allein um Almosen zu betteln, allein aus dem Dorf zurückzukehren und allein in Meditation zu sitzen?«

Der Mönch Thera antwortete: »So ist es, Erhabener.«

Darauf fragte Buddha den Mönch Thera: »Wie lebst du allein?«

Der Mönch Thera antwortete: »Ich lebe allein; niemand anders lebt mit mir. Ich preise das Alleinsein. Ich gehe allein, um Almosen zu erbetteln, und ich kehre allein aus dem Dorf zurück. Ich sitze allein in Meditation. Das ist alles.«

Der Buddha unterwies den Mönch folgendermaßen:
»Es ist offensichtlich, daß dir das Alleinleben zusagt. Ich will
dir das nicht nehmen, aber ich möchte dir doch sagen, daß es
einen ganz hervorragenden Weg gibt, allein zu sein. Das ist der
Weg der eingehenden Betrachtung, er offenbart, daß die Vergangenheit nicht mehr und die Zukunft noch nicht ist. Er ermöglicht es uns, in aller Muße im gegenwärtigen Augenblick zu
weilen, frei von Begehren. Wenn ein Mensch so lebt, gibt es in
seinem Herzen kein Zögern. Er gibt alle Ängste und jedes Bedauern auf, läßt alle bindenden Begehren los und durchtrennt
die Fesseln, die ihn daran hindern, frei zu sein. Diesen Weg
nennt man ›den besseren Weg, allein zu leben‹. Keinen wunder-
bareren Weg als diesen gibt es, allein zu leben.«

Dann rezitierte der Erhabene den folgenden Vers:

> Das Leben eingehend zu betrachten,
> macht es möglich, alles, was ist, klar zu sehen.
> Von nichts versklavt zu sein,
> macht es möglich, alles Begehren loszulassen.
> Das Ergebnis ist ein Leben voller Freude
> und Frieden.
> Das heißt, wirklich allein zu leben.

Diese Worte des Buddha beglückten den Mönch Thera außer-
ordentlich. Voller Ehrfurcht warf er sich vor dem Buddha nieder und ging dann seines Weges.

Unsere Zen-Praxis legt besonderen Wert darauf, vollkommen in
der Gegenwart zu leben, von Moment zu Moment. Dieses Sutra
enthält Anleitungen des Buddha, wie man alles Erwägen abschneiden und sich in die direkte, gegenwärtige Erfahrung begeben kann. Dies nannte der Buddha »den besseren Weg, allein
zu leben«, einen Weg, den man natürlich auch zusammen mit
anderen gehen kann; und das ist es, was ich »auf den Körper

hören« nenne. Hören Sie auf den Körper, um die Vergangenheit und die Zukunft, ja sogar, um die Gegenwart abfallen zu lassen.

Ich möchte diese Gelegenheit benutzen, und noch einmal auf die wunderbare Praxis hinweisen, unsere Hände in dem Mudra, das wir das Konzentrations- oder Kosmische-Mudra nennen, zusammenfinden zu lassen. Bitte halten Sie dieses Mudra in Kontakt mit Ihrem Unterleib, während Sie sitzen. Lassen Sie die Hände wirklich den Unterleib berühren, und halten Sie diesen Kontakt. Wecken Sie all diese empfindsamen Hautflächen, und berühren Sie den Unterleib mit diesen Händen. Seien Sie sich besonders der Außenseite der kleinen Finger bewußt, die den Stoff, der Ihren Unterleib bedeckt, berührt. Dies erlaubt uns, in die Bewußtwerdung des Körpers hineinzufinden. Es ist außerdem auch eine gute Übung gegen Schläfrigkeit, denn das erste, was die Haltung aufgibt, vielleicht sogar bevor Ihnen die Augen zufallen, sind diese kleinen Finger. Wenn sie von Ihrem Körper abrutschen, ist es ein Warnzeichen, daß Sie sich in Ihrer Aufmerksamkeit treiben lassen. Es ist ein kleiner Knopf, den man beständig drücken kann. Sich daran zu erinnern ist hilfreich und, wie ich finde, sehr schwer; deswegen machen Sie sich bitte keine großen Vorwürfe, wenn Sie es nicht sofort schaffen. Wenn Sie sich weiterhin bemühen, wird es irgendwann schon gehen. Mir fällt es auch schwer, aber in einem Sesshin, wenn das Bewußtsein des Leidens zunimmt, ist diese direkte, körperliche Bewußtmachung eine große Zuflucht. Ich empfehle Ihnen also sehr, dies zu versuchen. Wenden Sie sich direkter, körperlicher Erfahrung zu.

Lassen Sie uns sehr einfach beginnen. Allein zu sein, ganz und gar, unbewegt und ruhig und auf unseren Körper hören, das ist ein Pfad des Friedens und der Harmonie, nicht nur für uns selbst, sondern für alle leidenden Wesen in dieser Welt.

Vatertag

Ich habe über den Vatertag nachgedacht, darüber, was es bedeutet, ein Vater zu sein, und ich erinnerte mich, daß Vater auf Hebräisch *Abba* heißt, was auch die Wurzel des Wortes Abt ist. Mir fiel auf, daß Abt und Vater etwas recht Ähnliches sind. Zufällig habe ich in diesem Leben beide Titel, den des Vaters und des Abtes, erhalten, so daß ich aus eigener Erfahrung über beide Rollen sprechen kann.

Mein Vortrag handelt also davon, Vater zu sein, Abt zu sein, und er handelt von Buddhas Weg. Buddhas Weg kann auf unendlich viele Weisen beschrieben werden, aber eine Möglichkeit ist, ihn als Studium des Selbst zu beschreiben. Sich selbst zu studieren bedeutet, die Beziehung zwischen sich und dem anderen zu studieren. Es bedeutet, sich ehrlich zu betrachten, so ehrlich, daß ich ganz klar verstehe, was ich nicht bin; und was ich nicht bin, wird das andere genannt. Die Beziehung zwischen diesem Ich und dem anderen zu studieren ist eine schwierige Sache, weil es hier einen Widerspruch gibt. »Das Ich und das andere« ist nicht wirklich etwas Feststehendes, und trotzdem leben wir die meiste Zeit gemäß dieser Trennung.

Wenn es also darum geht, Vater und Abt zu sein und den Weg zu studieren, so ist das alles sehr schwierig für mich. All dies beinhaltet schmerzhafte Widersprüche zwischen meiner Verantwortung, meiner Autorität und anderen Menschen. Das Studium dieser Beziehungen ist mir nicht besonders gut gelungen. Weder bin ich ein guter Vater noch ein guter Abt, oder ein guter Schüler des Weges. Das ist einfach die Wahrheit. Um meine Gefühle darüber auszudrücken, möchte ich ein Gedicht von Peter Miki mit dem Titel »Das Gedicht des Vaters« vortragen.

> Das ist ein Gedicht für meinen Sohn Peter, den ich
> tausendmal verletzt habe,
> Dessen große und verwundbare Augen schmerzerfüllt
> meinem Wüten folgten – schmale Gelenke und
> Finger hingen in knochenloser Verzweiflung.
> Den bleichen und sommersprossigen Rücken
> verloren gekrümmt.
> Das Kopfkissen durchtränkt mit meiner Unfähigkeit
> zu verstehen.
> Meine Schwäche und Ungeduld haben für immer
> Wunden in dein zerbrechliches Vertrauen gerissen.
> Denn wenn ich streng sein wollte, warst du da, um
> verletzt zu werden.
> Und weil ich dachte, du wüßtest, wie schön du bist
> und klar, mit hellen Augen und hellem Haar.
> Aber jetzt weiß ich, daß niemand das über sich
> wissen kann, sondern es muß so lange gesagt
> werden, bis es sitzt.
> Denn alles kann irgendwann getötet werden,
> besonders die Schönheit.
> Deshalb schreibe ich dies, für das Leben, für die
> Liebe, für dich, Peter, meinen ältesten Sohn, zehn
> Jahre alt und bald schon elf.

Dieses Gedicht zeigt mir, wie ich als Vater bin, wie ich als Abt bin, wie ich mich um mich kümmere, und auch, wie man sich um mich gekümmert hat. Ich weiß nicht, ob ich über meine Söhne und Töchter, über die Schüler, die mir vertrauten, oder über mich selbst weine.

Für einen Abt ist es am wichtigsten, die Herzen der Menschen unserer Gemeinschaft zu kennen. Ich würde sagen, daß man zuerst sein eigenes Herz kennen muß, um die Herzen anderer zu kennen. Wenn wir unser eigenes Herz überspringen und uns nicht um es kümmern, es studieren, wie sollen wir dann wissen, wo andere Herzen anfangen?

Studieren wir unsere Verbindung mit anderen und mit uns selbst, werden wir erkennen, was unsere Aufgabe ist. Was wir oft tun, besonders als Männer, die den Titel eines Vaters oder Abtes tragen, ist, zu glauben, daß wir irgendwelche Pflichten hätten, die wir zu erfüllen versuchen, und wir finden, daß wir keine Zeit haben, um uns selbst zu betrachten. Aber unsere wirkliche Pflicht zeigt sich im Studieren des Ich, der Beziehung zwischen uns und anderen und zwischen uns und unserer Umwelt.

Ich gestehe, indem ich versuchte, meiner Verantwortung als Abt gerecht zu werden, war ich nicht aufmerksam genug gegenüber meiner Tochter und auch nicht gegenüber dem kleinen Mädchen, das in mir lebt. Ich erkannte nicht, daß das meine Aufgabe war. Jetzt weiß ich, daß dies meine Aufgabe ist und daß ich mich besser um meine Aufgaben als Abt kümmern kann, wenn ich mich um das kleine Mädchen in mir kümmere. Aber es brauchte viel Zeit und viel Leiden, um das zu verstehen. In der Vergangenheit, wenn das kleine Mädchen in mir verletzt wurde, sagte ich oft: »Mach dir keine Sorgen, Kleine, ich werde mit deinen Feinden schon fertig werden«, und ich fragte nicht etwa: »Wie geht es dir? Was möchtest du jetzt tun?« Sie wollte keine Verteidigung, sie wollte Aufmerksamkeit. Sie wollte die Menschen, die ihre Gefühle verletzt hatten, nicht loswerden, sondern sie wollte einfach von mir nach Hause begleitet werden. Aber ich war mehr mit Abwehr als mit Zuhören beschäftigt, verteidigte mehr, als daß ich mich direkt um ihren Schmerz gekümmert hätte. So war ich also meinem eigenen Herzen gegenüber kein guter Vater, und natürlich verhielt ich mich genauso gegenüber den »großen Mädchen«, die mit mir praktizierten.

Während ich über all dies nachdenke, erinnere ich mich an einen Traum, den ich vor kurzem hatte. In diesem Traum hatte ich eine ganze Menge Verabredungen, so wie im Leben auch. Weil das Zen-Zentrum so groß geworden ist, befinde ich mich heute in einer Position, in der viele Leute mit mir sprechen möchten. In diesem Traum war ich auf dem Weg zu einer Verabredung mit jemandem und merkte plötzlich, daß ich für eine weitere Verabredung schon zu spät dran war. Meine Sekretärin sagte: »Sie müssen das Flugzeug um drei nehmen, und es ist fast schon drei!«, und dann kam noch jemand und sagte: »Ich muß mit dir reden.« Das ging eine ganze Weile so weiter, und in diesem Traum war ich überhaupt nicht aufgeregt, weil mein Alltag genauso ist.

Mitten in diese Verwicklungen hinein kam noch jemand vorbei und bat mich, bei der Suchaktion nach einem kleinen Jungen, der verlorengegangen war, dabei zu sein. »In Ordnung«, dachte ich, »ich bin bei dieser Suche dabei.« Obwohl ich diesen Jungen noch nie gesehen hatte, wußte ich, wie er aussah. Er war etwa fünf Jahre alt, hatte blondes Haar und helle Haut. Als ich ihn im Geiste vor mir sah, wußte ich, daß er entweder autistisch war oder am Downssyndrom litt – jedenfalls war er zu dem, was wir als normale soziale Beziehungen bezeichnen, nicht fähig.

Obwohl ich damit einverstanden war, bei der Suchaktion mitzumachen, wurde ich störrisch, als die Frau, die das Ganze leitete, uns mitteilte, wir würden jetzt instruiert, wie wir zu suchen hätten. Ich dachte: »Moment mal! Ich bin bereit, nach diesem Knaben Ausschau zu halten, aber ich werde nicht in die Schule gehen, um mir sagen zu lassen, wie ich suchen soll. Das geht mir zu weit. Das ist sowieso nur eine Nebenbeschäftigung hier; ich bin ein vielbeschäftigter Mann.«

Später dachte ich: »In der Zen-Praxis soll man alles mit der Absicht annehmen, es ganz und gar zu tun.« Ich sah ein, daß ich mich zwar gründlich um die vielen miteinander im Konflikt liegenden Verantwortlichkeiten kümmern wollte, die ich all diesen unterschiedlichen Leuten gegenüber hatte, daß ich mich aber nicht mit der gleichen Hingabe um diesen Jungen kümmern wollte, bzw. darum, mich darin unterweisen zu lassen, wie ich nach ihm suchen sollte. Ich schämte mich.

Neulich zeigte mir jemand eine Passage in einem Buch, in dem es heißt, wir müßten erst die traurige Erfahrung machen, daß nichts wichtig ist, bevor wir erkennen können, daß alles wichtig ist. Irgendwie ist es notwendig, in den Abgrund zu stürzen, in dem uns alles egal wird, in dem nichts mehr wichtig ist, bevor wir alles annehmen können.

Als ich über meinen Traum nachdachte, erkannte ich, daß meine eigentliche Arbeit darin besteht, diesen behinderten Jungen zu suchen, diesen Jungen, der nichts tun kann, der den Unterschied zwischen sich und anderen nicht kennt. Eine unserer Schriften sagt: »Wie ein Baby in der Welt, vollkommen in fünf Aspekten, das sich nicht erheben, nicht stehen, nicht gehen und nicht reden kann.« Das ist die Beschreibung eines Buddha. Es gibt jemanden in uns, der absolut unfähig ist, der nichts alleine tun kann, der nur durch andere befähigt wird.

Eine andere Art, dies zu verstehen, liegt darin, zuzuschauen, wie »nichts ist wichtig« sich in »alles ist wichtig« verwandelt; wie die Abwesenheit von Bedeutung sich in Bedeutung verwandelt. Es gibt eine enge Beziehung zwischen Sinnlosigkeit und Sinn. Ich möchte behaupten, daß jeder von uns mit irgendeiner Idee von Sinn herumläuft, aber vielleicht ist der Sinn nicht sehr tief, und der Weg, um ihn zu vertiefen, liegt darin, sich dem Terror der Ewigkeit zu öffnen – dem wunderbaren Terror der Ewigkeit, in dem bestimmte Dinge keinen Sinn mehr machen. Indem wir diesen wunderbaren Terror befragen, kehren wir vielleicht sinnerfüllter zurück. Aber allzuoft wollen wir das gar nicht betrachten. Es könnte zu beängstigend sein.

Anfangs sagte ich, daß ich die Titel Vater und Abt erhalten habe. Beide wurden mir verliehen. Ich habe meiner Tochter nie gesagt, daß sie mich Vater nennen soll, aber irgendwie fiel ihr dieser Name für mich ein, in einem Haus, in dem es in Ordnung gewesen wäre, mich Reb zu nennen. Sie verlieh mir den Titel eines Papa. Ich fühle mich dieses Geschenks nicht wert, aber sie hat es trotzdem gemacht. Und eine Gruppe von Leuten verlieh mir den Titel eines Abtes; auch dies ist ein Geschenk für mich. Diese Menschen erlauben mir die Rollen des Vaters und Abtes zu spielen. Diese Titel existieren nicht ohne die Menschen, die sie verleihen.

Auch wenn man ein Baby macht, muß man zuallererst etwas geben. Es gibt keinen Vater ohne eine Mutter. Heutzutage denken einige, daß es eine Mutter ohne Vater geben kann. Ich kann dazu nichts sagen; da bin ich nicht mehr so ganz auf dem laufenden. Aber ich behaupte, daß es ohne Mutter keinen Vater gibt, ohne Kind keine Mutter und daß es kein Kind ohne Mutter gibt, kein Kind ohne Vater und daß es keinen Vater ohne ein Kind gibt. Nicht nur gibt es keinen Vater ohne Kind, es kann auch kein Kind ohne Vater geben. Alle diese Dinge erschaffen einander. Das ist Buddhas wichtigste Lehre. Man nennt sie abhängiges Entstehen: Alles tritt aus allen Richtungen des Universums hervor, um jedes Ding zu erschaffen, und dieses Hervortreten verleiht jedem Ding seine Berechtigung.

Alles Entstandene hat seine Berechtigung, weil es die Ankunft von allem anderen darstellt. Jedes Ding ist die Verwirklichung des gesamten Rests der Welt. Das macht jedes Ding wichtig und gibt allem seine Bedeutung. Aber irgendwie müssen wir zuerst erkennen, daß nichts wichtig ist, müssen wir zuerst alles aufgeben, bevor wir verstehen, daß alles unsere absolute Aufmerksamkeit verdient, weil alles von strahlender Bedeutung ist. Alles. Das ist Zen. Wir sagen, es gibt keinen Ort auf der Welt, an dem man ausspucken kann. Mit anderen Worten, es gibt keinen Ort, der unwichtig wäre, keinen Ort minderer Qualität, so daß Sie sagen könnten: »Also, hier kann ich hinspucken.« Auf der ganzen Erde gibt es keinen solchen Ort, falls Sie also spucken, sollten Sie sich bewußt machen, daß Sie an einem wertvollen Ort spucken, und Sie sollten sich vielleicht vorher die Zähne putzen.

In meinem Traum weiß der behinderte Junge nicht: »Das ist ein guter Ort« und »Das ist ein schlechter Ort.« Er nimmt jeden Ort an, weil jeder Ort sein Leben ist. Für ihn gibt es keinen Ort, von dem er sagen könnte: »Oh, das hier ist nicht mein Leben.« Er ist zu »dumm«, um sich das vorzustellen. Er denkt einfach nur: Leben-Leben-Leben-Leben. Nicht: »Nun, diese Sache liegt in meiner großen Verantwortung als Abt, und das hier ist eine schnöde Familienangelegenheit. Diese Sache hier liegt in meiner Verantwortung für alle fühlenden Wesen, die große Gemeinschaft, die kulturelle Entwicklung des Zen in Amerika, und diese andere Sache ist unwichtig.« Er ist zu »dumm«.

Als meine Tochter ungefähr drei war, ging ich mit ihr in den Walt Disney-Film *Lied des Südens*. In einer Szene zieht das kleine Mädchen sein bestes Kleid an und macht sich auf den Weg zu einem Fest. Während die Kleine so dahinläuft, machen sich ein paar große Jungs über sie lustig und stoßen sie in eine Schlammpfütze, und ihr bestes Kleid wird ganz schmutzig. Die Jungs sagen dann: »Oh, wir können es saubermachen«, aber so wollte sie nicht mehr auf das Fest gehen. Sie wollte sich nicht zusammenreißen und so tun, als sei alles in Ordnung. Sie wollte nicht mehr singen und tanzen. Sie war zu verletzt. Sie wollte einfach nur weinen, und das tat sie auch, sehr schön sogar. Meine kleine Tochter, die neben mir saß, brach auch in Tränen aus. Ich sagte ihr, daß es doch nur ein Film sei, aber sie war untröstlich. Sie wollte nicht aufhören zu weinen, sie hatte genug von diesem Film, sie wollte nach Hause. Also gingen wir. Aber ich verstand ihre Gründe nicht wirklich. Ich dachte, es sei in Ordnung für sie, jemanden weinen zu sehen, selbst ein bißchen zu weinen, um dann weiter den Film anzuschauen. Aber so war es nicht.

Letzten Winter, in den Bergen, hörte und verstand ich plötzlich dieses kleine Mädchen, das nicht mehr spielen will, weil ihr bestes Kleid voller Schlamm ist. So ist es einfach manchmal. Ich schwor mir, diesem kleinen Mädchen mehr Aufmerksamkeit zu geben, sie nicht vor solchen Erfahrungen zu schützen, sondern ihr zuzuhören. Auf diese Weise lehrte meine Tochter mich etwas über mich selbst.

Als meine Tochter klein war, gehörte es zu meinen häuslichen Aufgaben, sie zu baden. Als sie acht war, sagte ich ihr, ich fände, sie sei jetzt zu groß, um noch gemeinsam mit mir zu baden. Ich war ungefähr genauso groß wie jetzt, aber sie wurde größer und größer und ähnelte körperlich immer mehr ihrer Mutter, ähnelte ihrer Figur, ihrer Größe und ihrer Art, sich zu bewegen. Meiner Tochter gefiel der Gedanke, mit dem gemeinsamen Baden aufzuhören, überhaupt nicht, und sie wollte wissen, warum. Ich sagte: »Bemerkst du nicht, daß du deiner Mutter immer ähnlicher wirst? Fändest du es nicht komisch, wenn deine Mutter zusammen mit deinem Großvater baden würde? Wäre das nicht merkwürdig?« Sie stimmte mir zu. Ich sagte: »Und das ist der Grund, es ist einfach irgendwie komisch. Jeden Tag wirst du deiner Mutter ähnlicher, und wenn du und ich zusammen baden, sieht das immer mehr so aus, als würden deine Mutter und dein Großvater zusammen ein Bad nehmen.«

Das sah sie ein. Ein paar Minuten später kam sie an unsere Schlafzimmertür und steckte den Kopf rein. Das war nicht ihre Art. Normalerweise schneite sie einfach rein, so, als würde ihr alles gehören, und sagte: »Ih, ih, itte«, was heißen sollte: »Ich in die Mitte« oder: »So ihr Leute, jetzt mal Platz da, ich komme in die Mitte, zwischen euch.« Aber diesmal verhielt sie sich so, als sei unser Zimmer nicht ihr Zimmer. Indem sie zunächst den Kopf reinsteckte, drückte sie ein gewisses Maß an Getrenntheit zwischen uns aus. Weil dem auch so war – ich trennte mich von ihr. Ich trennte mich von jemandem, der mir seit seiner Geburt so nah war, wie nur irgend jemand es sein kann, jemand, der mir straffrei hätte ins Gesicht kotzen können. Denn das, was in ihr war, war auch in mir, kein Unterschied. Aber jetzt mußte ich mich von ihr trennen. Es schien angemessen zu sein. Es gehört zum Aufwachsen dazu.

Jetzt, ungefähr zehn Jahre später, kann ich kaum noch glauben, daß ich mit ihr zusammen gebadet habe. Es scheint merkwürdig, ihr auf diese Art nahe gewesen zu sein. Jetzt ist meine Beziehung zu ihr irgendwie spiritueller, und wir sind gerade dabei herauszufinden, auf welche Art wir noch miteinander verbunden sind und wie wir uns wiederverbinden können.

In unserem Herzen und in allem, was uns als Menschen auszeichnet, liegt eine Autorität, eine Autorität, die uns von allen Dingen gegeben wurde. Für unsere Entwicklung haben wir einen Vater, den wir anschauen und dem wir Autorität geben, so daß wir sie irgendwann in uns selbst erkennen können. *Wir* verleihen ihm diese Autorität. In spirituellen Dingen können wir die gleiche Autorität, diese innere Autorität unseres Herzens, natürlich auch einer Frau verleihen. Wir können in diesem Sinne einen »weiblichen Vater« haben, eine Frau, die ein Spiegel sein kann; mit der wir arbeiten, um unsere innere Autorität zu finden. Dies ist schwierig, da wir uns dabei in der Gefahr befinden, unsere Autorität ganz und gar abzugeben. Aber irgendwie müssen wir sie als Projektion erfahren, außerhalb von uns, da wir Schwierigkeiten haben, sie in uns selbst zu erkennen. »Und weil ich dachte, du wüßtest, wie schön du bist und klar, mit hellen Augen und hellem Haar. Aber jetzt weiß ich, daß niemand das über sich wissen kann, es muß so lange gesagt werden …«

Und wer sagt es Ihnen? Natürlich kann es Ihnen eine Mutter sagen, und oftmals tut sie es auch: »Du bist wie ich. Ich mag dich, so wie mich selbst – mehr noch.« Sie schaut Sie einfach an, und Sie verstehen.

Ich schlage aber vor, daß auch der Vater es Ihnen sagen muß. Er ist nicht wir; er ist außen. Wir kommen nicht aus seinem Körper. Er ist der Typ, der während des Tages meist nicht da ist und abends zurückkommt, oder er lebt woanders und kommt uns besuchen und spielt vielleicht mit uns. Und wir geben ihm

Autorität. Wir respektieren ihn, so daß es funktioniert, wenn er uns sagt, wie großartig und wichtig wir sind. Ich glaube also nicht, daß es ein Problem damit gibt, den Vater mit Autorität auszustatten, bzw. sie ihm zu leihen. Menschen tun dies mit unglaublicher Großzügigkeit. Wenn kleine Mädchen und kleine Jungen den Typ sehen, der nicht so oft da ist, dann, so glaube ich, holen sie etwas Autorität hervor, werfen sie ihm zu und sagen: »Da, nimm. Du kannst mein Vati sein. Ja, ich hätt's gerne, wenn du ein bißchen häufiger da wärest, aber du kannst sie trotzdem haben, weil ich sie in dir sehen und hören muß.«

Mein eigener Vater ging von mir weg, als ich elf war. Davor sagte er mir oft, ich sei wunderbar. Viele Male. Er sagte mir, ich sei stark, er sagte mir, er wolle, daß ich diesen Ball treffe, den Kahn dort schleppe, jenes Bündel aufhebe. Er sagte mir, daß er mich liebe und daß ich das alles alleine tun müsse. Das half mir, aber dann ging er weg. Danach schenkte ich mein Herz meinem Mathematiklehrer und gab ihm dieselbe Autorität, dann dem Fußballtrainer, dem Leichtathletiktrainer. Sie erhielten mein Geschenk, gaben es mir zurück und sagten: »Du bist wunderbar, du bist großartig.« Sie sagten es mir, wieder und wieder, bis es saß. Einmal reicht nicht, weil wir das über uns nicht wissen. Es uns selbst zu sagen ist hilfreich, genügt aber nicht. Dieser andere Weg – es wieder und wieder durch eine äußere Autorität gesagt zu bekommen – ist auch wichtig.

Wenn uns diese Rolle, diese Verantwortung, von jemandem gegeben wird, müssen wir unsere Arbeit tun. Wir müssen dieses Mädchen und diesen Jungen in unser Herz schließen, sie mit uns herumtragen und bewundern und ihnen sagen, daß wir sie wahrnehmen. Das müssen wir tun. Und ich habe das nicht sehr gut getan. Aber ich sage all dies »für das Leben, für die Liebe, für dich, Peter, meinen ältesten Sohn, zehn Jahre alt und bald schon elf.« Einen schönen Vatertag! Bitte rufen Sie Ihren Vater an und sprechen Sie mit ihm, auch wenn er tot ist. Ich werde meinen Vater jetzt anrufen und ihm sagen: »Vielen Dank!«

Der Weg des Friedens ist zeichenlos[8]

Manchmal fragen mich Leute, warum wir in der Zen-Meditation die Augen offen halten. Bei einigen Formen der Meditation sind die Augen geschlossen, und viele Menschen finden es so leichter, ruhig zu werden. Das ist in Ordnung. Aber in der Praxis des Zen empfehlen wir, daß Sie mit »offenen Augen« meditieren. Betrachten Sie eine Buddhastatue, werden Sie sehr wahrscheinlich die Augen offen finden. Sogar wenn Buddha ruht, sind seine Augen offen. Buddhas halten ihre Augen offen, um auf die Lebewesen zu achten. Mit ihren Augen des Mitgefühls und ihren Augen der Weisheit achten sie auf die Lebewesen. Sie schließen niemals ihre Augen der Weisheit, schließen niemals ihre Augen des Mitgefühls. Sie wachen beständig über die Lebewesen.

Wenn wir eine neue Buddhastatue auf einem Altar aufstellen, halten wir eine Zeremonie ab, die man als »Zeremonie des Augenöffnens« bezeichnet. Wir rezitieren dabei einen Vers aus dem *Lotus-Sutra*, in dem Avalokiteshvara, der Bodhisattva des Grenzenlosen Mitgefühls, beschrieben wird: »Augen des Mitgefühls, die auf fühlende Wesen achten, sammeln einen Ozean des Glücks und des Friedens, Freude über alle Maßen«. Wir spre-

---

8 Bei dem folgenden Text handelt es sich um die Bearbeitung eines Dharma-Vortrags, den Tenshin Reb Anderson im April 1994 in Las Vegas, Nevada, hielt. Im April 1994 organisierte die Buddhistische Gesellschaft für Frieden (Buddhist Peace Fellowship) eine Begehung des Atomtestgeländes in Nevada. Der Vortrag wurde am Tag, nachdem die BGF an einer Rundfahrt des Energieministeriums auf dem Testgelände teilgenommen hatte, gehalten. Einen Tag nach dem Vortrag kehrte die Gruppe auf das Testgelände zurück, um dort eine Zeremonie zu Ehren von Buddhas Geburtstag abzuhalten und um ihrem Protest durch zivilen Ungehorsam Ausdruck zu verleihen. (A. d. Ü.)

chen diesen Vers siebenmal, jedesmal ein wenig enthusiasti-
scher. Dies hilft, die Augen der Statue zu öffnen. Als Schüler
Buddhas haben wir das Versprechen abgelegt, allen Wesen dabei
behilflich zu sein, frei zu werden – Frieden, Glück und Freude
zu finden. Dies beinhaltet das Versprechen, alle Bereiche des
Leidens mit offenen Augen zu betrachten und zu studieren.
Schon unsere Bereitschaft, Lebewesen in den Bereichen des Leidens bei der Hand zu fassen und mit ihnen durch Geburt und
Tod zu gehen, schafft Frieden.

Es ist nicht so einfach, allen leidenden Wesen die Hand zu
reichen und sie immer zu begleiten. Um mit diesem Versprechen erfolgreich umgehen zu können, müssen wir Meditation
praktizieren. Mit diesem großen Vorsatz müssen wir unseren
Körper und Geist harmonisieren, müssen wir Himmel und
Erde harmonisieren. Wir praktizieren Meditation nicht einfach
nur, um unseren eigenen Geist zu befrieden, obwohl auch das
dazugehört. Wir meditieren, um uns von dem erschöpfenden
Gefühl zu befreien, getrennt von anderen zu sein. Wir sitzen
still in der Mitte aller Lebewesen; wir sitzen mit allen Buddhas.
Wir entwickeln einen sanften, geschmeidigen Körper und
Geist. Wir entwickeln die Bereitschaft, Körper und Geist fallen
zu lassen, damit so die Trennung zwischen uns und allen anderen Lebewesen abfallen kann. Wir lassen den Geist fallen, der
andere kritisiert. Wir können nicht allen Wesen die Hand reichen, solange wir an unserem kritisierenden Geist festhalten.
Wir können das auch nicht tun, wenn wir am lobenden Geist
festhalten. Wir müssen alles loslassen.

Das bedeutet nicht, daß wir unsere Kritikfähigkeit verlieren.
Sie werden immer noch in der Lage sein, die Fehler anderer zu
sehen. Es bedeutet auch nicht, daß Sie die Fähigkeit zu loben
verlieren. Wenn Sie den Geist, der kritisiert, ablegen, den Geist,
der in Begriffen von ich und anderen denkt, der in Begriffen
von richtig und falsch denkt, wird sich Ihr ganzes Leben in ein
einziges Lob verwandeln. Aber das heißt nicht, daß Sie Ihre

Fähigkeit verlieren, Probleme wahrzunehmen, so wie jeder andere auch.

Ich erinnere mich an eine Geschichte über den großen englischen Schriftsteller Samuel Johnson. Eines Nachts, er war schon recht alt, beschäftigte er sich, wie üblich, mit seinen Mitternachts-Meditationen, und etwas Schreckliches spielte sich in seinem Körper und Geist ab, etwas äußerst Schmerzhaftes und Verstörendes. Er glaubte, sein Gehirn würde angegriffen. Wahrscheinlich hatte er einen Schlaganfall. Auf der Stelle kniete er an seinem Bett nieder, betete zu Gott und sprach: »Mach mit meinem Körper, was immer Du willst, aber zerstöre bitte nicht meinen Geist.« Als gelehrter Mann seiner Zeit betete er zu Gott in lateinischen Versen. Dann legte er sich auf sein Bett nieder, um auszuruhen, und er erkannte, daß seine Verse nicht so gut formuliert gewesen waren. So erhob er sich wieder, kniete abermals nieder und sagte auf Latein: »Gnädiger und freigebiger Gott, ich danke Dir dafür, daß Du mir meine Fähigkeit zur Kritik erhalten hast.« Und er legte sich wieder ins Bett.

Es ist nicht so, daß Sie Ihre geistigen Fähigkeiten verlieren, Sie lassen sie nur los. Alles, was Sie festhalten, schafft Konflikt.

Gestern abend sprach in meiner kleinen Diskussionsgruppe eine Frau darüber, in dieser Welt hilfreich sein zu wollen, und trotzdem hatte sie sich gerade ein Auto gekauft. Sie dachte: »Jetzt fahre ich also diesen Wagen, und ich werde absolut Teil dieses ganzen Prozesses sein, der so viel Leiden verursacht.« Während sie sprach, dachte ich: »Vielleicht sollte ich meinen Wagen verkaufen und mit dem Fahrrad nach San Francisco fahren.« Aber dann wird einfach nur ein anderer mein Auto fahren, und ich muß immer noch über die Golden-Gate-Brücke und werde in diesem Dreck stecken. Irgendwann muß ich dann auch in einen Laden gehen, um neue Reifen zu kaufen. Anders gesagt, egal was Sie tun, Sie bleiben ein Teil des Ganzen. Aber es gibt einen Teil von Ihnen, der denkt: »Mein Gott, ich will nicht Teil davon sein. Ich will meine Hände nicht schmutzig machen.

143

Ich will kein Teil dieser ganzen riesigen, zerstörerischen Maschinerie sein.«

Unser Bewußtsein hat zwei Tendenzen. Wir wollen etwas tun, und wir wollen davon frei sein, etwas zu tun. Darüber gibt es eine Zen-Geschichte. Ein Lehrer namens Windhöhle, Fenghsüeh, sagte zu seinen Mönchen: »Wenn ihr eine Staubflocke aufwirbelt, gedeiht die Nation, aber die Ältesten legen die Stirn in Falten. Wenn ihr keine Staubflocke aufwirbelt, geht die Nation zugrunde, aber die Stirn der Ältesten ist entspannt.« Eine Staubflocke aufwirbeln bedeutet vielerlei. Eine Bedeutung ist ganz direkt: ein Haus bauen, ein Zen-Zentrum einrichten, eine buddhistische Friedensgesellschaft gründen, eine Wüstenfahrt nach Nevada organisieren. Wenn man so etwas tut, gedeiht die Nation. Es gibt dann beeindruckende Tempel und effektive Organisationen. Aber die Ältesten betrachten das Ganze und sagen: »Was tun die da eigentlich? Was soll das denn, da so ein Zen-Zentrum hinzustellen?« Die Nation gedeiht, aber Sie bekommen dann auch das, was man geschickte Generäle und listenreiche Minister nennt. Und die Menschen bauen dann Testgelände für effektive Bomben, um die Bevölkerung der blühenden Nation zu schützen. Andere Leute wiederum wollen frei von Politik und Verteidigungspotentialen sein. Sie sagen: »Ich spiele da nicht mit.« Im alten China waren Menschen, die die schmutzige Welt der Politik meiden wollten, bereit, in die Berge zu gehen, Pilze und Wurzeln zu essen, sogar Hungers zu sterben, allein wegen ihres Wunsches, sich die Hände nicht schmutzig zu machen.

Beide Tendenzen stellen einen Irrtum dar. Alles, was wir tun, ist ein Irren. Tun Sie etwas, leiden Sie; tun Sie nichts, leiden Sie auch. Wie auch immer, Sie geraten in Schwierigkeiten. Es gibt einen Weg, nichts von beidem zu tun, nämlich den, einfach nur mit Menschen zu *sein*, Sie selbst eingeschlossen. Seien Sie gegenwärtig in dem Leiden, das menschliches Handeln schafft. Dieser Weg ist der Weg des Glücks.

Wie können wir diese Tendenzen miteinander harmonisieren? Wir können unsere Fehler zugeben – sie beständig bekennen: »Ich will da mitmachen. Moment mal, ich will damit nichts zu tun haben.« Wir können beobachten, wie unser Bewußtsein sich diesen beiden Extremen zuneigt. Und wir können Meditation und Aktion ins Gleichgewicht bringen; Weisheit und Mitgefühl miteinander harmonisieren.

Vieles von dem, was auf einem Atomtestgelände geschieht, ist ein »Kleine-Jungs-Spiel«, ein symbolisches Agieren, das aus einer gewissen männlichen Energie heraus entsteht, bzw. aus einer männlichen Imagination. Vielleicht ist es für die meisten Männer notwendig, sich vorzustellen, Löcher in den Boden zu buddeln und BUM-BUM zu machen. Wir sollten verstehen, daß dieser imaginative Prozeß möglicherweise sinnvoll ist. Vielleicht müssen Männer, als Teil ihrer individuellen Entwicklung, da manchmal hindurchgehen, weil es in ihrer Psyche etwas gibt, dem sie sich stellen müssen. Dies muß aber nicht ausagiert werden. Das schafft Probleme. Man kann sich dem auf der Ebene der Imagination stellen. Wenn diese Möglichkeit nicht gegeben wird, werden Menschen, bewußt oder unbewußt, nach einer gröberen, direkten Ausdrucksmöglichkeit suchen.

Um Energie von destruktiven Tendenzen wegzulenken, müssen wir uns ihnen einfühlend öffnen, denn andernfalls verstehen wir nicht, wie wir diese Energie auf eine nützliche Art lenken können. Sonst sind sie einfach nur schlecht, und man versucht, alles einfach nur loszuwerden. Das funktioniert nicht. Wenn Sie sich diesen Tendenzen einfühlend öffnen können und verstehen, daß sie auch in Ihnen zu finden sind, *dann* können Sie helfen.

Eine andere Sache, die wir verstehen sollten, ist, daß wir in Ordnung sind, so, wie wir gerade sind. Wir sind genau jetzt vollkommen, und zugleich können wir uns entwickeln, uns selbst übertreffen. Unsere Vollkommenheit beinhaltet die Möglichkeit der Verbesserung.

Wir müssen auch erkennen, daß nichts von Bedeutung ist. Diese Wüste bedeutet nichts, Las Vegas bedeutet nichts, ich bedeute nichts, Sie bedeuten nichts. Das müssen wir erkennen. Dies zu erkennen schafft die Basis, auf der man erkennen kann, daß alles von Bedeutung ist. Solange Sie nicht verstehen, daß nichts von Bedeutung ist, werden Sie einfach nur denken, daß bestimmte Dinge etwas bedeuten. Sie werden annehmen, daß einige Dinge wichtiger sind als andere. Und die Dinge, von denen wir annehmen, daß sie von Bedeutung sind, werden von Mensch zu Mensch verschieden sein. Einige von uns werden denken: »Wir sind wichtig, aber die Leute auf dem Testgelände sind es nicht.« Oder diese wiederum glauben, daß sie wichtig seien, aber wir nicht. Doch wenn Sie mit Ihren Augen der Weisheit erkennen, daß nichts von Bedeutung ist, dann können Sie auch erkennen, daß alles von Bedeutung ist, daß jeder Zoll Boden auf diesem Planeten heilig ist.

Eine meiner Lieblingsgeschichten der Zen-Literatur handelt davon, daß einer unserer Ahnen – Seigen Gyoshi – gefragt wurde: »Was ist die tiefste Bedeutung der Lehre Buddhas?« Und er antwortete darauf: »Was kostet der Reis in Luling?«

Modern ausgedrückt könnte man sagen: »Was kostet das Benzin in Las Vegas?« Vielleicht denken Sie jetzt: »Das ist was anderes, Reis ist notwendig, aber Benzin nicht.« Aber heutzutage glauben die Menschen, daß Benzin notwendig ist. Aus einer buddhistischen Perspektive können wir uns also fragen, was ist der Preis für dieses Benzin hier, das Benzin, das wir in Las Vegas in unsere Autos füllen? Was alles muß passieren, um hier dieses Benzin zu erhalten. Wie viele Nukleartests? Wie viele Kriege? Was braucht es, damit wir dieses Benzin zu diesem Preis bekommen? Meditieren Sie darüber. Betrachten Sie Las Vegas, betrachten Sie Los Angeles, betrachten Sie San Francisco, und versuchen Sie herauszufinden: Was ist der Preis, den Sie für dieses Benzin zahlen müssen? Den jeder für dieses Benzin zahlen muß? Studieren Sie das. Betrachten Sie das. Das ist die Bedeutung von Buddhismus. Der Preis dieses Benzins ist grenzenlos. Die Kosten für unseren Reis und unsere Kleidung sind grenzenlos. Das ist die Bedeutung unserer Praxis. Sitzen Sie mitten in Las Vegas, und studieren Sie die Kosten des Benzins.

Wir sind hierhergekommen, um einen der grauenhaftesten Preise, die für Benzin zu zahlen sind, zu bezeugen. Still und wach betrachten wir unseren Schmerz, während wir den Preis für Benzin betrachten. Wir unterstützen einander in dieser Meditation, weil es für einen Menschen allein schwer wäre, auf das Testgelände zu gehen und dies zu betrachten.

Eine Frau fragte mich, warum sie einfach nur sitzen solle, während sie doch zusah, wie die Ozeane sterben, die Fische sterben, und sie mit aller Leidenschaft etwas für die Umwelt tun wollte. Leidenschaftlichkeit in diesen Angelegenheiten ist sehr gut. Ich schlage vor, daß Sie inmitten Ihrer Leidenschaft sitzen. Wenn Sie das tun, wird Ihre Leidenschaft unbegrenzt sein. Wenn Sie sich einfach nur in Eile um etwas kümmern, das Sie schon wahrnehmen, ohne sich zuerst in der Mitte Ihrer Leidenschaft niedergelassen zu haben, dann werden Sie immer noch eine begrenzte Vorstellung von dem haben, was es für Sie zu tun gibt. Sie werden selbstgerecht, denn Sie werden dann sagen: »Ich tue, was hier am wichtigsten ist. Wie können andere sich nur mit diesen anderen, unwichtigen Dingen beschäftigen?« Aber ganz gleich, was wir tun, wir übersehen immer auch viele andere Dinge, die Aufmerksamkeit brauchen. Wenn wir die Ungeheuerlichkeit unserer Verantwortung erkennen, werden wir nicht glauben, daß das wenige, was wir tun, die ganze Sache ist. Im großen Ozean des rechten Handelns müssen wir uns alle spezialisieren, aber wir können daran denken, daß unsere Arbeit nur ein Tropfen und nicht der ganze Ozean ist. Wir haben als menschliche Wesen immer eine begrenzte Sicht und sollten dies anerkennen. Es tut mir leid, aber um wirklich hilfreich zu sein, müssen wir sitzen.

Einfach-nur-sitzen können Sie, während Sie auf dem Atomtestgelände herumlaufen. Einfach-nur-sitzen können Sie, während Sie in den Slums sind, während Sie Auto fahren, während
Sie über den Benzinpreis meditieren. Einfach-nur-sitzen bedeutet, daß Sie im Zentrum allen Leidens sind und sich nicht urtei-
lend auf die Welt ausrichten. Das bedeutet einfach-nur-sitzen.
Und das ist nicht leicht. Leicht ist es, sich in ein Extrem hineinzubegeben.

Die Geschichte von Seigen und dem Reis wird durch folgendes
Gedicht gewürdigt:

> Die Arbeit des Großen Friedens zu vollenden ist
>   zeichenlos.
> Der Stil des Landvolks ist frisch.
> Nur mit Dorfliedern und festlichem Trinken
>   beschäftigt,
> Wie sollte es wissen von den Tugenden Shuns
>   und der Güte Yaos?

Wir dürfen nicht vergessen, daß der Weg des Friedens zeichenlos ist. Wir können nicht vorherbestimmen, was Frieden ist und
was wir tun müssen, um ihn hervorzubringen. Frieden ist keine
festgelegte Angelegenheit. Frieden heißt uns willkommen, aber
wir müssen ihn finden. Wir müssen ihn lebendig werden lassen.
Jetzt. Wir wissen vorher nicht, wie er aussieht. Wir müssen unsere vorgefaßte Meinung von dem, was Frieden bringt, aufgeben; andernfalls begehen wir einen Irrtum.

An diesem Wochenende feiern wir bei festlichem Trinken
und mit unseren Dorfliedern. Unser Zusammensein, zusammen sitzen, diskutieren, gemeinsam essen und trinken, zusammen in die Wüste hinausgehen und den Schaden bezeugen; das
ist, was unser Ahne meint, wenn er sagt: »Nur mit Dorfliedern
und festlichem Trinken beschäftigt.« Wenn wir nach San Fran-

cisco und an andere Orte zurückkehren, wenn wir in unsere Heimatdörfer zurückkehren, können wir damit fortfahren, alle Lebewesen mit den Augen des Mitgefühls zu betrachten. Diese Betrachtung, obwohl sie schmerzhaft sein mag, sollte auch festlich sein – sie sollte voller Freude sein.

Da dieser Weg des Friedens zeichenlos ist, brauchen wir auch keine spezielle Ausrüstung. Da er zeichenlos ist, kann er in jeder Situation vollendet werden. Von Moment zu Moment. Es bedarf nur der Umstände, auf die wir in jeder Situation treffen, und es können auch nur diese Umstände sein. Wir müssen unseren Weg zusammen mit allen Menschen finden, mit allen Lebewesen, die hier in diesem Moment bei uns sind. Wir müssen entdecken, wie wir unsere Dorflieder singen können.

Wenn wir so ernsthafte Themen wie nukleare Abrüstung diskutieren, fällt mir oft ein, was Suzuki Roshi sagte: »Was wir tun, ist einfach zu wichtig, um es ernst zu nehmen.« Vielleicht wäre es also gut, mit einem fröhlichen Lied zu enden. Hier ist eines meiner Zen-Lieblingslieder. Ich finde, es handelt davon, den zeichenlosen Weg des Friedens zu gehen. Würden Sie es bitte mit mir singen? Es heißt *The Red, Red Robin*. Kennen Sie dieses Lied?:

When the red red robin
Comes bob bob bobbin'
Along, along,
There'll be no more sobbin'
When he starts throbbin'
His old sweet song.
Wake up! Wake up, you sleepyhead.
Get up! Get up, get out of bed.
Cheer up! Cheer up, the sun is red.
Live, love, laugh and be happy.
Though I've been blue
Now I'm walking through

Fields of flowers.
Rain may glisten
But still I listen
For hours and hours.
I'm just a kid again
Doing what I did again,
Singing a song,
When the red red robin
Comes bob bob bobbin' along.

Das Ende des Leidens:
Ein Weihnachts-Koan

Der große Lehrer Nagarjuna sagte:

> Ohne eine Grundlage in der konventionellen Wirk-
> lichkeit kann die Bedeutung des Absoluten nicht ge-
> lehrt werden. Ohne Verständnis der Bedeutung des
> Absoluten wird Befreiung nicht erlangt.

Verläßt man sich nicht auf die alltägliche, grundlegende Praxis,
kann die absolute Wirklichkeit nicht ausgedrückt werden.
Nähert man sich nicht der absoluten Wirklichkeit, kann Nirvana nicht realisiert werden. Zen-Geschichten weisen oftmals auf
die absolute Wirklichkeit hin.

> Ein Mönch fragte Chao-chou: »Wird im Zeitalter der
> Leerheit immer noch jemand die Praxis pflegen?«
> Chao-chou antwortete: »Was meinst du mit Zeitalter
> der Leerheit?«
> Der Mönch sagte: »Das ist, wenn kein einzelnes Ding
> mehr existiert.«
> Darauf Chao-chou: »Nur das kann man absolute
> Praxis nennen.«

Wenn ich sage: »Das ist, wenn kein einzelnes Ding mehr existiert«, klingt das so, als würde ich von der absoluten Wirklichkeit sprechen. Wenn ich davon spreche, dann in der Hoffnung,
daß Sie in dieser Lebenszeit schon genug gelitten haben, um zu
erkennen, daß ich es nur wage, diese absolute Wirklichkeit zu

151

lehren, nachdem Sie schon einige Zeit lang die konventionelle Wirklichkeit studiert und sich auf sie verlassen haben. Die konventionelle Wirklichkeit besagt, daß Leiden in dieser Welt erscheint, daß Sie und ich getrennt sind und daß dieses Festhalten an einer abgetrennten Existenz die Ursache des Leidens darstellt. Das ist die konventionelle Wirklichkeit. In der absoluten Wirklichkeit ist kein Mensch von einem anderen getrennt, existiert kein einzelnes Ding aus sich selbst heraus. Wenn ich so spreche, glauben Sie hoffentlich nicht, es bedeute, daß nichts existiert. Bitte verstehen Sie: »Kein einzelnes Ding existiert«, heißt, daß kein einzelnes Ding aus sich heraus existiert, daß keine einzelne Person unabhängig existiert.

Der Mönch sagte: »Das ist, wenn kein einzelnes Ding mehr existiert«, und Chao-chou sagte: »Nur das kann man absolute Praxis nennen«. Das Zeitalter der Leerheit ist ein Ort und eine Zeit, wo die Dinge nicht aus sich selbst heraus existieren. Können Sie sich eine Welt vorstellen, in der nichts unabhängig erscheint, in der jedes Ding zusammen mit allem hervortritt, in der alles durch die Güte aller Dinge entsteht? Alles entsteht durch die Unterstützung von allem; und alles, was entsteht, unterstützt alles. Nur das kann man absolute Praxis nennen. Aber wir verlassen uns auf die relative Wirklichkeit, um diese absolute Lehre zu erhalten. Wir verlassen uns auf die relative Wirklichkeit, in der »ich alleine Zen praktiziere«. So praktiziert man relative Wirklichkeit. Ich leide allein, Sie leiden allein. Das ist die Grundlage, auf die wir uns verlassen, und genau dort erhalten wir die Lehre, die besagt, daß alles jetzt schon befreit ist und nichts in Fesseln liegt.

In dem Bereich, in dem kein einzelnes Ding aus sich selbst heraus existiert, ist alles möglich. Im Zeitalter der Leerheit kann alles passieren. Wenn die Dinge unabhängig voneinander existieren, sind die Möglichkeiten radikal eingeschränkt. Nur Frauen bekommen Kinder, und unfruchtbare Frauen sind dazu nicht in der Lage. Man mag denken, es sei kein Problem, daß nur Frauen Kinder gebären können. Aber wenn wir so denken, haben wir die relative Wirklichkeit nicht vollkommen studiert. Es ist schmerzlich, nicht gebären zu können. Es ist ein Grund, um in den Krieg zu ziehen. Obwohl Krieg schrecklich und zerstörerisch ist, erlaubt er es einigen Männern, am Glanz der Vitalität der Schöpfung teilzuhaben. Unfruchtbare Frauen fühlen sich möglicherweise genauso von der Schöpfung ausgeschlossen. Aber Frauen mit Kindern leiden auch, wenn sie sich in dieser Situation gefangen fühlen. Das ist der Bereich der relativen Wirklichkeit.

Im *Prajna-Paramita-Sutra* fragte Subhuti den Buddha: »Von wo tritt ein Bodhisattva in die Praxis der Weisheit jenseits der Weisheit ein?« Buddha antwortete, daß man sie von der relativen Welt aus betritt. Wenn wir unseren Fuß nicht fest auf die Erde setzen, können wir nicht vorwärtsgehen; wenn wir vorwärtsgehen, ohne die relative Wirklichkeit vollständig zu akzeptieren, werden wir die absolute mißverstehen.

In der Welt der relativen Wirklichkeit glauben wir, nicht wir selbst sein zu können. Wir denken vielleicht: »Ich kann kreativ sein und mir etwas fast Unmögliches ausdenken, aber werden die anderen es mich tun lassen? Wäre ich wirklich ich selbst, so würde ich mir am Flughafen die Kleider ausziehen. Aber dann bestrafen sie mich vielleicht, ich kann also nicht ich selbst sein.« Das ist die relative Welt. Sie können ein klein wenig Sie selbst sein, aber nie ganz.

Wenn mir jemand in der relativen Welt sagt, daß sie Probleme hat, in Zazen wach zu bleiben, und wissen will, wie sie wach bleiben kann, antworte ich möglicherweise: »Versuch doch mehr zu schlafen, oder renn um alle vier Ecken, bevor du sitzt, oder trink etwas grünen Tee, oder öffne deine Augen. Betrachte den Punkt zwischen deinen Augenbrauen; blick höher auf die Wand; rezitiere das *Herz-Sutra*; sprich dir selbst die Bodhisattva-Gelübde vor; denk daran, wie wenig Zeit dir noch bleibt, oder …« Wenn das Gras vor meinem Haus gelb wird, gehe ich in den Garten und hole etwas Kompost, um ihn darauf zu legen. Die kleinen Grashalme stellen sich auf und werden grün; sie mögen das. Aber wenn es keinen Kompost gibt oder ich zu beschäftigt bin, sterben sie. Auf jeden Fall tue ich mein Bestes, um wach zu bleiben, um dem Gras wachsen zu helfen. Dies ist die relative Welt, und sie funktioniert nicht wirklich. Vielleicht glauben Sie, daß sie nicht so schlecht sei. Aber tatsächlich wird sie nicht funktionieren. Sie werden das bald selbst erkennen, falls Sie das nicht schon tun. Falls Sie es erkennen, haben Sie die relative Welt möglicherweise lange genug studiert, um jetzt damit zu beginnen, die absolute zu studieren, ohne in die Irre geleitet zu werden.

Sobald Sie die Welt des Leidens studieren, wird Ihnen Ihr Mangel an Glaube und Praxis bewußt werden. Ihnen wird bewußt werden, daß Sie dieser Welt nicht wirklich vertrauen. Wenn Sie dieser Welt wirklich zu vertrauen glauben, vertrauen Sie dann auch dem Leiden? Haben Sie damit nicht ein kleines Problem? Gibt es da nicht ein paar Zweifel? Glauben Sie nicht ein wenig daran, daß es Dinge gibt, die Sie nicht tun können? Fühlen Sie sich nicht ein wenig eingeschränkt, ein wenig gefangen? Wo ist die Welt, in der Sie sich einfach ganz spontan ausdrücken können? Wo ist die Welt, in der Sie nicht ein selbstständig Handelnder sind, der gefangen und gefesselt ist?

Wenn wir die Welt, in der wir gefangen sind, nicht genau genug studiert haben, um zu erkennen, daß wir gefangen sind, und wir daran glauben, frei zu sein, dann befinden wir uns in Wirklichkeit noch in der Welt, in der wir gefangen sind. Wir träumen dann nur davon, frei zu sein, und daß wir tun und lassen können, was wir wollen. Aber das können wir nicht. Alles, was wir in dieser Welt als selbstständig Handelnde tun, schafft Probleme für uns und andere. Solange wir das nicht verstehen, haben wir nicht genug studiert, um in die absolute Praxis einzutreten, aus der heraus wir zu spontanem Handeln in der Lage sind. Sobald wir nicht mehr länger als selbständig Handelnde agieren, wird alles, was wir tun, ohne Harm sein, und wir werden erkennen, daß jeder Mensch uns unterstützt. Jeder Mensch unterstützt uns in der Welt, in der kein einzelnes Ding mehr existiert. Wir müssen die Welt erleben, in der wir eingeengt, begrenzt und voller Angst sind. In ihr, dort, können wir umkehren und zu der Welt erwachen, in der wir spontan das Richtige tun. In der Welt, in der nicht ein einzelnes Ding existiert, können wir einfach wir selbst sein. Wir können einfach wir selbst sein, wenn unser Selbst nicht ein einzelnes, »unabhängiges« Ding ist.

Unsere Praxis des Sitzens ist ritueller Ausdruck der Lehre, die sagt, daß Sie einfach Sie selbst sein können. Einfach-nur-sitzen bedeutet, den Weg in jeder Haltung verwirklichen zu können. Sie können sich dabei hinlegen. Es bedeutet, daß Sie sich nicht zum Stillsitzen zwingen müssen. Einmal hielt Manjushri eine kleine Rede vor Buddha, in der er im Grunde genommen nur sagte, »erwachen« bedeute, daß ein Mensch einfach nur ein Mensch ist. Nach dieser Rede näherte sich eine Gruppe aufrechter Bürger aus Buddhas Welt Manjushri, und sie sprachen zu ihm: »Du bist wirklich unglaublich weise, so wie dein Name es schon sagt; du bist wie die Güte und das Licht, die das Universum durchziehen. Du bist phantastisch, der erste unter den Heiligen.« Manjushri antwortete: »Ach ja? Nun, eigentlich solltet ihr mich eher den exemplarischen Vertreter von Gier, Haß und Verblendung nennen. Ihr solltet mich das am meist versklavte, leidende Wesen nennen. Ihr solltet mich den größten Nichtsnutz nennen. Ich bin ein ganz gewöhnlicher Mensch. Ich bin der erste unter den Gewöhnlichen.«

Die meisten Menschen können es nicht ertragen, gewöhnlich zu sein. Manjushri war konsequent und wurde zum ganz und gar gewöhnlichen Menschen. So erkannte er, daß es so etwas wie einen gewöhnlichen Menschen, der ganz aus sich heraus lebt, eigentlich nicht gibt. Das nennt man Aufwachen.

Wenn jemand Probleme hat, wach zu bleiben, kann ich ein paar Ratschläge geben. Aber wenn man Probleme hat, wach zu bleiben, besteht absolute Praxis eigentlich darin, daß man Probleme hat, wach zu bleiben. Es ist in Ordnung zu versuchen, wach zu bleiben, wenn man Schwierigkeiten dabei hat, wach zu bleiben. Es ist in Ordnung, ein Mensch zu sein, der versucht, wach zu bleiben. Aber bevor Sie irgend etwas tun, seien Sie vor allem dieser Mensch und fühlen Sie, wie es ist, jemand zu sein, der in diesem Zustand gefangen ist. Dieser Mensch zu sein, das ist der Preis, den Sie für den Eintritt in das Zeitalter der Leerheit zahlen. Dieser Mensch zu sein heißt, einfach-nur-sitzen zu praktizieren.

Sie werden nicht durch Ihre eigene, persönliche Kraft zu diesem Menschen. Sobald Sie ganz zu diesem Menschen geworden sind, gehen Sie sogleich über die Begrenzungen dieses Menschen hinaus. Eine Sache, die dieser Mensch tun kann, ist, an diesem Menschen zu zweifeln und ihm zu widerstehen. Als Mensch ist man dazu in der Lage. Wenn wir also Bedingungen erfahren, die wir nicht wirklich gut finden, phantasieren wir Möglichkeiten, diese zu verbessern. Wenn dagegen etwas gut ist, versuchen wir Mittel und Wege zu finden, um es zu erhalten; und das ist auch recht so. So ist die relative Welt. Aber wir sollten wissen, daß es genau zur selben Zeit immer auch jemanden gibt, der sich nicht darum kümmert, irgendwelche Umstände zu erhalten oder ihnen zu entgehen. Dieser Unbekümmerte erkennt, daß alle ihm zur Seite stehen, erkennt, daß alle ihm dabei helfen, gereizt oder glücklich oder was auch immer zu sein.

Wir können nicht aus uns selbst heraus gereizt sein. Jeder muß uns dabei helfen. Wir können nicht selbst schlafen gehen, nicht selbst schwierige Zeiten erfahren; wir selbst, allein, können überhaupt nichts tun. Wir selbst können uns noch nicht einmal nicht geliebt fühlen. Wir selbst können uns nicht nicht anerkannt fühlen. Wir selbst können keine Ungerechtigkeit erfahren. Wir selbst können auch keine Gerechtigkeit und Liebe erfahren. Jeder hilft uns mit allem. Die Welt, in der es uns schlecht geht, in der wir gereizt sind und uns nicht wahrgenommen, nicht geliebt fühlen, ist in einem absoluten Sinne die Welt, in der nicht ein einzelnes Ding existiert, weil wir als Einzelne nicht existieren. Inmitten unseres Unglücks werden wir ganz und gar unterstützt, ganz und gar geliebt und sind ganz und gar frei zu leiden. Wären wir nicht frei zu leiden, wir könnten es gar nicht. Wir können nicht leiden, ohne die Zustimmung dazu zu erhalten.

Wenn wir an einem sonnigen Tag beschwingt durch den Garten von Green Gulch laufen, nehmen wir vielleicht an, daß wir die Zustimmung und Unterstützung zu diesem Spaziergang haben, und wir sagen vielleicht: »Danke schön!« Aber wenn wir leiden, erkennen wir dann, daß uns die Zustimmung zum Leiden zuteil wird, daß wir liebevoll im Leiden unterstützt werden? Nur wenige Menschen denken so. Selbst wenn wir so denken, nehmen wir möglicherweise an, daß andere unsere Leiden verursachen. Dann machen wir eher andere verantwortlich, als daß wir Ihnen für ihre freundliche Unterstützung danken.

In der Welt, in der ich glaube, unabhängig handeln zu können, danke ich den Menschen um mich herum nicht für ihre Unterstützung und Hilfe in meinem Leiden. Mir geht es schlecht mit meinem Leiden, ich fühle mich gefangen in meinem Leiden, ich fühle mich in mein Leiden verstrickt, weil ich mir vorstelle, daß ich selbst etwas dagegen tun könne. Aber sobald ich diesem Gedanken nicht mehr verfalle, sondern einfach nur leide, erkenne ich, daß jeder mir zur Seite steht, weil ich dieses Leiden nicht aus mir allein heraus erschaffen könnte. Wenn Sie erkennen, daß jeder Ihnen beim Leiden hilft, ist dies das Ende des Leidens. Die Äußerung des Leidens verschwindet nicht notwendigerweise, aber Sie werden befreit; Sie haben die Pointe verstanden. In dem Bereich, in dem kein einzelnes Ding existiert, sagen Sie »Danke schön!« für Ihr Leiden. Sie empfinden Dankbarkeit. Das Ende des Leidens nennt man den Zustand, in dem man leidet und Dankbarkeit empfindet.

Wir alle haben in diesem Sesshin ein intimes Verhältnis zu diesem Prozeß. Wir leiden alle, aber es kommt der Punkt, an dem wir Dankbarkeit empfinden inmitten dieses Leidens. Was ist passiert? Wie funktioniert das? Stufenweise, durch unsere Fehler hindurch, erlauben wir es uns, dieser leidende Mensch zu sein. Durch die Bereitschaft, einfach nur dieser leidende Mensch zu sein, betreten wir den Bereich, in dem nicht ein einzelnes Ding existiert, und dort sind wir immer dankbar.

Dort, wo wir einfach nur wir selbst sind, ist alles möglich. Wie können wir in diesen Bereich unbeschränkter Möglichkeiten eintreten? Indem wir uns ganz auf unsere beschränkte Position in der relativen Welt einlassen. Wir lassen uns ein, durch unseren Körper, unsere Sprache und unseren Geist. Genau dann macht die Tatsache, daß wir so sind, wie wir sind, alles möglich. Wir sind, was wir sind, als ein momentanes, flüchtiges Produkt des gesamten Universums zu dieser Zeit und an diesem Ort. Dies scheint ein Ding zu sein, aber es ist einfach nur die zarte, flexible Entfaltung eines unbeschränkten Potentials. Es ist nur ein flüchtiger, dünner Film von Erscheinung über unbegrenztem Glanz. Aber wir müssen uns ganz auf dieses Phänomen einlassen. Weder dürfen wir uns danach sehnen noch vor ihm zurückschrecken. Wenn wir uns nicht einlassen, verwandelt sich dieser dünne Film in ein eisernes Tor, »gebunden, doppelt in Eisen«. Selbst wenn wir einen strahlenden und beseelten Körper haben, müssen wir uns immer noch auf diesen Körper einlassen. Einlassen bedeutet, sich einfach auf strahlende Beseeltheit einzulassen und dort innezuhalten; man läßt sich nicht ein und fängt dann auch noch zu kuscheln an. Man läßt sich einfach nur auf diese Art des Seins ein, so, wie auf einen verrückten, kranken, verqueren Geist, einen unangenehmen Satz oder einen gequälten, kranken Körper. Man läßt sich einfach auf diese Form ein. Das ist alles. Die Praxis ist nicht dieser goldene Buddha, ist nicht dieses grüne Monster, ist nicht diese kranke Person, nicht diese gesunde Person; sie ist auch nicht dieser schöne Satz, diese gemeine Stimme – nicht diese Dinge. Das ist nicht die Praxis; das ist kein Buddhismus, kein Zen. Zen ist einfach nur, daß diese Dinge sind, was sie sind. Zen ist die Praxis des Einlassens auf die gegenwärtigen Phänomene. Man braucht genug Glauben, um sich genau einzulassen, ganz einzulassen, weder zu viel noch zu wenig.

Alles, was wir tun, hat Konsequenzen. Wenn wir zuviel Make-up tragen, wird das Konsequenzen haben. Wenn wir überhaupt keins tragen, wird das Konsequenzen haben. Wenn wir unsere Köpfe rasieren, wird das Konsequenzen haben. Uns die realen Konsequenzen unseres Handelns vorstellend, fühlen wir uns vielleicht zögerlich, behindert und gehemmt. Aber es gibt eine Sache, an der uns die Welt nicht hindern kann, und das ist, die Person zu sein, die wir in diesem Moment sind. Tatsächlich hilft uns dabei die ganze Welt.

Es gibt viele Geschichten von Menschen, die Buddhas Mitgefühl nicht annehmen und die deshalb nicht die Zustimmung und Unterstützung erfahren, um so zu sein, wie sie sind. Solche Menschen geizen mit sich und anderen. Charles Dickens hat eine Geschichte darüber geschrieben, *Ein Weihnachtslied in Prosa*. In dieser Geschichte wird der alte Geizhals Scrooge am Weihnachtsabend von verschiedenen Geistern besucht. Der erste Geist ist sein früherer Geschäftspartner Jacob Marley. Marley ist erschüttert; er ist kein glücklicher Geist, aber er ist auch nicht gerade ein böser Geist. Er ist nicht gekommen, um Scrooge zu verletzen oder gar, ihn zu erschrecken. Er ist gekommen, um Scrooge zu helfen, um ihm zu sagen, wie furchtbar es ist, wenn man sein Leben nicht in jedem Moment voll lebt. Er ist gekommen, um Scrooge mitzuteilen, wie schrecklich es ist, kein Zen zu praktizieren, den Pfad des Mitgefühls mit uns und anderen.

Marley warnt Scrooge: »Gefangen, gebunden, doppelt in Eisen bist du und weißt nicht«, daß sich unsterbliche Wesen, durch die Zeitalter, beständig um das Glück dieser Welt bemüht haben; und er sagt, daß dieses Geschenk verschwinden kann, wenn wir es uns nicht zur Aufgabe machen, ganz wir selbst zu sein. Er warnt, daß, wenn wir dies nicht verstehen, »keine noch so lange Reue die versäumten Gelegenheiten eines Lebens aufwiegen kann.« Und er bekennt: »So einer war ich! Oh, so war ich!«

Daraufhin sagt Scrooge mit stockender Stimme: »Aber du bist stets ein guter Geschäftsmann gewesen, Jacob.« »Geschäftsmann?« ruft Marley, seine Hände ringend, »Die Menschheit war mein Geschäft. Die allgemeine Wohlfahrt war meine Aufgabe; Liebe, Erbarmen, Nachsicht und Wohlwollen wären mein Beruf gewesen. Meine Handelsgeschäfte waren nur ein Tropfen Wasser im unermeßlichen Ozean meiner Aufgabe!«

Drei weitere schreckliche Geister besuchen Scrooge noch in dieser Nacht. Schließlich kann Scrooge deren Mitgefühl annehmen – er erlaubt sich, er selbst zu sein – und öffnet sich so seinen eigenen, unbegrenzten Fähigkeiten zu Großzügigkeit, Vergebung, Geduld und Güte. Zen ist einfach nur der Schlüssel, der das Tor zu unserer umfassenden Fähigkeit zur Güte öffnet. Oftmals ist das eine bittere Wahrheit. Sie verlangt, sich auf die Person einzulassen, die wir sind, darauf, wie wir denken, was wir sagen und was wir mit unseren Körpern tun. Wir müssen gründlich sein; jeden Tag müssen wir in jedem Moment gründlich wir selbst sein, ohne dafür etwas zu erwarten. Wir müssen das tun, um diesen dünnen Schleier der Illusion zu durchdringen, der uns von unserer unbegrenzten, spontan verfügbaren Güte trennt.